AF453645

BIBLIOTHÈQUE PÉRIODIQUE.

NOUVEAU MUSÉUM LITTÉRAIRE.

Littérature nationale et étrangère.

MÉMOIRES

D'UN

VIEUX MÉNAGE PARISIEN.

PAR

R. HERBAUT.

II

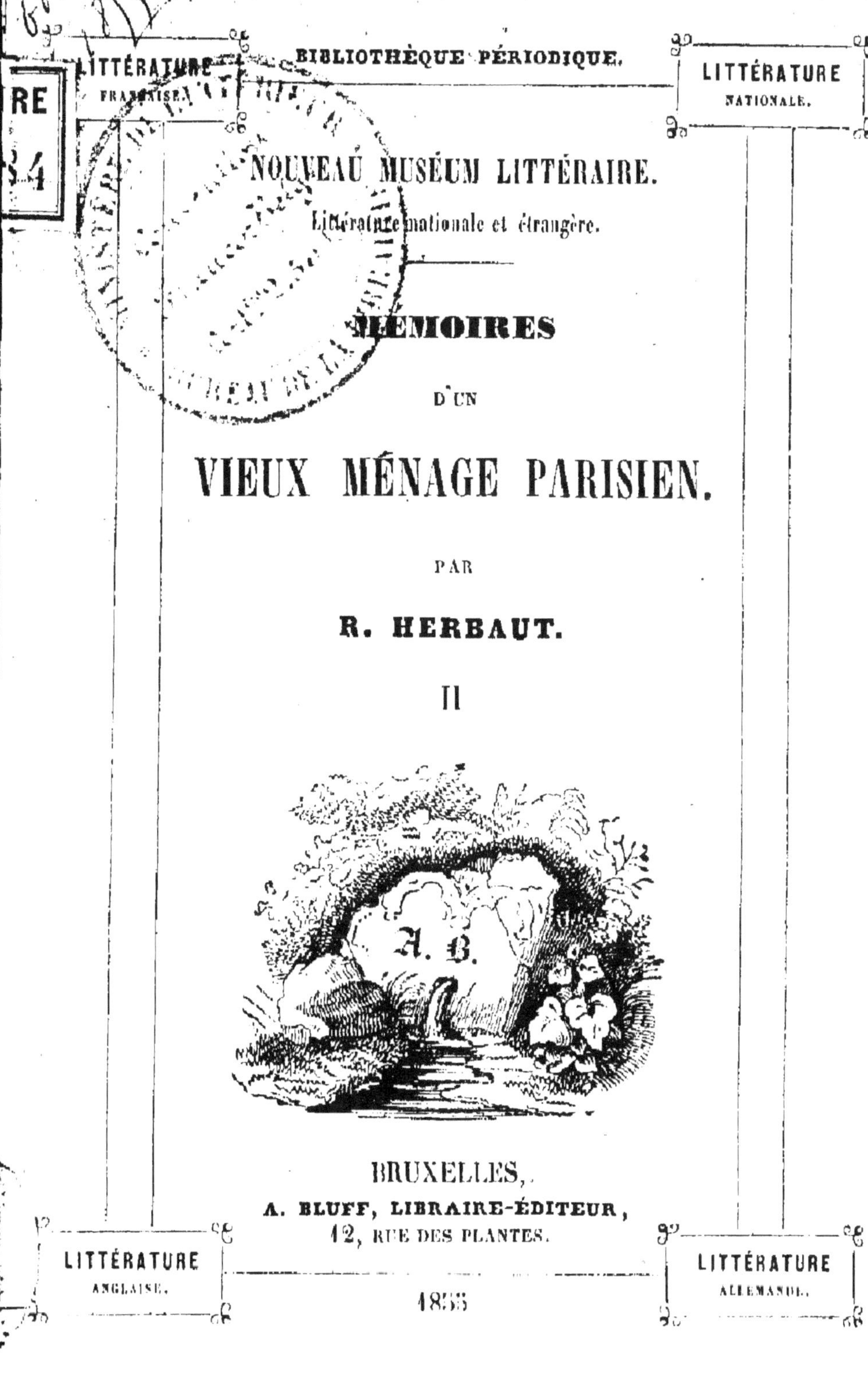

BRUXELLES,
A. BLUFF, LIBRAIRE-ÉDITEUR,
12, RUE DES PLANTES.

1855

MÉMOIRES

D'UN

VIEUX MÉNAGE PARISIEN.

NOUVEAU MUSÉUM LITTÉRAIRE.

Littérature nationale et étrangère.

MÉMOIRES

D'UN

VIEUX MÉNAGE PARISIEN

PAR

R. HERBAUT.

II

BRUXELLES,

A. BLUFF, LIBRAIRE-ÉDITEUR,

12, RUE DES PLANTES.

1855

Brux. Imp. de A. Mahieu et Cᵉ, Vieille-Halle-aux-Blés, 31.

X

LA FAMILLE DU CHARCUTIER.

Le charme de la société de ses amis de la rue du Faubourg-du-Temple avait mis Didier en retard ; aussi courut-il comme un vrai dératé jusqu'à ce qu'il fût arrivé au coin de la rue aux Ours, dans la rue Saint-Martin. A ce coin se remarquait une opulente boutique de charcuterie, au fronton de laquelle on lisait, en lettres d'or sur un fond bleu, le nom du débitant : ce nom était *Morage*. Au-dessus de ce fronton s'épanouissait un tableau peint à l'huile avec cette légende : *Il est quelquefois agréable de faire naufrage au porc!* On comprenait le jeu de mots en examinant ledit tableau ; il représentait, tant bien que mal, plutôt mal que bien, une tempête : un radeau en très-mauvais état, et sur lequel se trouvaient des gens pâles, amaigris et paraissant près de mourir de faim. Il venait d'échouer contre un rocher qui n'en était pas un, mais bien un cochon monstrueux, mort et rôti à point, avec du persil dans le nez, du sel et du poivre dans les oreilles, et de la moutarde à la croupe, et de plus, enfoncés dans la couenne de son dos, il avait le couteau et la fourchette nécessaires pour le découper; — ce qu'allaient faire, sans aucun doute, tous les affamés du radeau, dont la légende traduisait l'opinion : *Qu'il est quelquefois agréable de faire naufrage au porc!*

Didier, qui connaissait l'enseigne, ne s'arrêta pas à la considérer, il pénétra tout de go dans la boutique.

— Arrivez donc, clampin, lui dit en le voyant et s'adressant à lui un gros bonhomme à face réjouie, debout derrière la table de marbre de son comptoir, et qui servait à une vieille femme deux sous de fromage d'Italie. On grille d'impatience là-haut, ni plus ni moins que deux boudins.

— Le fait est que je suis en retard.

— D'une grande heure et demie au moins. Vous allez recevoir votre graisse.

— Je vous fais mes excuses.

— A moi, ce n'est pas la peine, gardez-les

pour ces dames, vous savez bien que moi je ne suis pas bégueule comme ma femme et ma fille. Si je ne vous donne pas une poignée de mains, ce n'est pas que je vous en veuille; mais c'est que je viens de servir du saindoux, et que ça vous graisserait la patte; mais je vais me laver les mains, et je vous rejoindrai tout à l'heure.

Didier passa par l'arrière-boutique et monta au premier étage. Il frappa à la porte qui se trouvait en face de lui.

— Entrez! lui dit-on de l'intérieur.

Il entra, et fut en présence de Mme Philomèle Morage, sa belle-mère, et de Mlle Thanésie Morage, sa future. La première était une grosse maman de quarante-cinq ans environ, grosse comme on ne l'est pas, ou plutôt comme on ne devrait pas l'être; elle avait certainement plus de largeur que de hauteur; de sa figure, on ne voyait absolument que les joues, dans lesquelles se fondaient le nez, la bouche et les deux yeux, ces trois derniers objets n'existant qu'à l'état de simples fentes indicatrices. Quant à Mlle Thanésie Morage, Didier avait eu raison de dire qu'elle n'était pas belle. C'était une assez fraîche personne qui, comme on dit vulgairement, marchait sur sa vingtième année; ses yeux présentaient en effet l'aspect de deux boules de loto,

et en les regardant, on était tenté de dire *quine!*
ils étaient, outre cela, fendus à la chinoise ; son
nez, droit de sa naissance à son troisième quart,
se relevait subitement à son extrémité, il offrait
un mélange assez disgracieux du style grec et
du genre Roxelane. Il semblait que sa bouche
sans lèvres, si l'on peut s'exprimer ainsi, eût
été oubliée, et que pour la remplacer on lui eût
fait une incision entre les narines et le menton ;
ce dernier était de galoche ; du reste, d'assez
beaux cheveux bruns, des oreilles petites et
roses, et une superbe carnation apportaient une
légère compensation aux défauts physiques si-
gnalés chez Mlle Thanésie.

La maman avait une robe de satin cerise, à
passementeries vertes et à ceinture bleue ; elle
était coiffée à la Ninon, et son bonnet de blonde
était surchargé de fleurs artificielles ; à tous ses
doigts, qui ressemblaient à de petits cervelas,
scintillaient de nombreuses bagues. La fille,
quoique mise plus simplement, affichait aussi
ce cossu de mauvais goût dont se plaisent à
faire parade, à tout propos, certains boutiquiers
enrichis. Sur sa robe de mousseline des Indes
étaient brodées des fleurs jaunes et violettes ;
son canezou était de gaze rose, et à moitié de ses
bras nus montaient de grandes mitaines noires.

Toutes deux enfin avaient l'air d'une vieille et d'une jeune perruche.

— Mesdames, je vous souhaite le bonsoir, fit Didier en s'inclinant et en souriant de son air le plus aimable.

— Bonsoir, monsieur, répondit d'une voix de fausset aigu la corpulente Philomèle.

Thanésie se leva et fit la révérence, puis se rassit, et se tint droite et raide sur sa chaise, comme une poupée de vingt-cinq sous se tient sur son bâton pointu.

D'ordinaire, Mme Morage ne disait pas à Didier : bonsoir monsieur, tout court ; elle l'appelait son gendre. D'ordinaire, la jeune Thanésie répondait de vive voix, et non pas seulement par une révérence froide et cérémonieuse. Il n'y avait pas à en douter, on en voulait à Didier d'arriver si tard.

— Mon Dieu ! mesdames, je vous dois un millier de millions d'excuses ; mais une affaire importante m'a retenu, et croyez bien que si j'arrive si tard, il n'y a nullement de ma faute.

— Une autre fois, dit Philomèle, il faudra nous faire prévenir ; nous comptions vous demander de nous conduire à la comédie, à la Gaîté, où se donne ce soir un mélodrame nouveau ; maintenant, il n'est plus temps. C'est même pour cela que nous nous étions mises, ma fille et moi, sur notre trente-deux...

— Oh! que je suis désolé!...

— Nous voulions que vous eussiez l'étrenne de nos robes nouvelles.

— Eh bien, ne l'ai-je pas?

— Non, monsieur, c'est le petit Farfaillot qui l'a eue...

— Qui ça, Farfaillot?...

— Un jeune homme qui prétendait à la main de ma fille, et que peut-être sans vous, nous lui eussions accordée...

— Vous venez de le recevoir!

— Très-mal, monsieur, très-mal. C'est concevable; nous entendons frapper, Thanésie court ouvrir, supposant que c'était vous, et pas du tout, elle se trouve nez à nez avec Farfaillot. Pauvre fille! ça lui a donné un fameux coup; avec ça que l'autre, en saluant trop vite, lui a heurté avec sa tête le creux de l'estomac; elle a failli s'en trouver mal de chagrin; quant à moi, j'en ai eu mes aigreurs.

— Je suis impardonnable, je l'avoue; néanmoins, j'espère, superbe belle-maman et vous belle Thanésie, que vous voudrez bien m'accorder ma grâce en faveur de mon repentir...

Thanésie crut devoir faire la moue d'un enfant fâché et se tortiller légèrement sur son siége ; Didier y vit un symptôme de clémence et fit mine de s'agenouiller.

— Faut-il que j'implore mon pardon à genoux ?...

— Non ! inutile, cria Philomèle, vous saliriez votre pantalon. Pardonne-lui, ma fille.

— Vous ne le ferez plus ? dit Thanésie.

— Plus jamais...

— Relevez-vous, alors...

Et elle lui tendit sa main, que Didier baisa en se relevant et en se disant à part lui :

— Il paraît que mademoiselle ma future a le caractère susceptible... Bon, bon, prêtons-nous-y pour le quart-d'heure, mais une fois mariés, nous verrons bien...

— Comment trouvez-vous ma robe, mon gendre ?

— Superbe.

— Et la nuance ?

— Adorable ; seulement, je crois que vous ferez bien d'éviter de rencontrer des bœufs.

— Pas de danger, nous ne sommes pas boucher ; nous n'avons affaire qu'aux...

— Maman !... interrompit Thanésie.

— Sois tranquille, ma fille ; je n'aurais pas dit le mot propre, ou plutôt le mot impropre ;

je me serais servie de l'expression que tu as trouvée l'autre jour.

— Vraiment! ma charmante future, vous avez inventé une expression nouvelle pour qualifier ces animaux.

—Oui, monsieur; je les appelle des sangliers domestiques...

— Très-bien trouvé, ma foi...

— N'est-ce pas? Ah! dame, c'est que Thanésie a reçu de l'éducation; elle nous a coûté assez cher : six cents francs par an, sans compter les maîtres d'agrément; mais nous ne les avons jamais regrettés; d'abord, parce que nos moyens nous le permettent, et puis qu'elle en a profité comme il n'est pas possible. Elle a de l'esprit comme un... non comme une... Ah! diable!... je sais bien comme quoi, mais le mot n'est pas de premier choix...Trouvez-en donc un, ma fille, qui remplace guenon...

— Femelle de singe.

— C'est ça... elle a de l'esprit comme la femelle d'un singe, et quand vous serez mariés ensemble, vous ferez la paire...

— De singes?... demanda Didier.

— Non, de gens spirituels.

— A la bonne heure!...

— Depuis deux ans qu'elle nous est revenue

de pension, elle nous forme, moi et son père, aux manières comme il faut et au langage idem... Avant ça, moi j'étais toute ronde...

— Vous l'êtes encore...

— Farceur, vous faites *illusion*...

— Allusion ! maman.

— Allusion à ma rotondité; mais je veux parler de ma conversation, qui n'était qu'à la bonne *flanquette*...

— Franquette ! maman.

— Franquette. C'est comme un dictionnaire cette fille-là ! elle vous reprend toujours; c'est agréable au dernier point... Moi, ça finira par aller, mais son père ne veut pas y mordre, lui ; il ne se fâche pas, mais il l'envoie coucher.

— Promener !... maman.

— Promener... C'est comme il tient à rester en boutique, à travailler encore par lui-même, ça l'amuse qu'il dit... C'est en partie pour ça que Thanésie veut se marier ; elle n'aime pas la charcuterie...

— Tais-toi ! maman ; M. Didier va croire...

— Rien du tout, ma jolie future, si ce n'est que je suis trop heureux que vous ayez bien voulu me préférer à M. Farfaillot.

— Il est tripier, c'est pour ça... Non, je veux rire. Je ris... balbutia Philomèle en s'arrêtant tout court, sous un regard de sa fille qui lui enjoignait formellement de se taire.

— Je le vois bien, dit Didier, vous riez et vous avez raison... D'ailleurs, Mlle Thanésie n'est pas faite pour vendre des saucisses et du mou ; qu'elle soit sans inquiétude, ce sera un beau magasin de nouveautés en gros où je l'appellerai à trôner... et dans la suite, j'espère bien qu'un jour ce sera d'un salon d'une maison de banque qu'elle sera la reine. Cela lui plairait-il ?

— Beaucoup, dit Thanésie.

— Et moi donc ? continua la mère ; comme je serai fière de dire : ma fille et mon gendre les banquistes.

— Les banquiers ! maman.

— Tiens, banquiste et banquier, ce n'est donc pas la même chose ?

— Pas du tout.

— Je croyais...

On voit que l'ambition de Didier était toujours la même que celle qu'il manifestait quatre ans auparavant ; le commerce tout simple ne lui suffisait pas, et il rêvait pour l'avenir de grandes spéculations. La riche dot de Thanésie, qui était de cent mille francs, lui en montrait la réalisation comme très-prochaine ; aussi était-il à l'avance cuirassé contre tous les défauts, toutes les laideurs et tous les ridicules qu'il découvrirait dans sa fiancée, se réservant toutefois d'essayer de l'en corriger une fois qu'elle serait sa femme.

Jusque-là et pour y arriver, il était résolu à flatter les manies de la fille, de la mère et du père, et à paraître les trouver tous les trois, chacun dans son genre, des prodiges de tout ce qu'ils voudraient.

— Eh bien ! la paix est-elle faite, mes petits boudins blancs? dit en entrant tout à coup dans le salon le père Morage.

— Oh ! papa, quelle comparaison...

— Quoi ! tu te fâches, parce que je vous appelle boudins blancs?... Mais en charcuterie, c'est ce qu'il y a de plus joli à l'œil et de plus délicat au goût... Pas vrai, mon gendre?

— Oui, beau-père, oui, lui répondit Didier en lui tendant la main.

— C'est ça ; secouons-nous les jambons, je le peux, je viens de les gratter.

— Papa ! si c'est possible !...

— Qu'est-ce qui est possible ?

— De tenir des discours aussi crus.

— Crus !... à cause des jambons ; mais il y en a de cuits... hé ! hé ! hé !... Pas vrai donc, mon gendre?

Sur quoi le père Morage appliqua en riant une claque sur le ventre de Didier.

— Voyons, Nésie, continua-t-il, ne recommence pas à me tourmenter à propos de la langue; en fait de langues, je ne m'entends qu'à celles que je confectionne moi-même et que je vends dans ma boutique, et sur celles-là je pourrais te donner des leçons... j'y suis ferré.

— Mais quand il y a du monde...

— D'abord, monsieur Didier, c'est pas du monde, c'est mon gendre; et puis, quand même ça en serait, je ne vois pas pourquoi je me gênerais; j'aime mon état, moi; je suis dedans depuis mon enfance, j'y ai fait ma fortune, et ça me plaît d'entrelarder ma conversation d'expressions du métier.

— Et puis, hasarda Philomèle, est-ce là un costume à venir dans le salon?

Le charcutier n'avait pas en effet jugé à propos de se faire aussi beau que sa femme et sa fille étaient belles; il avait le tablier blanc, et les manches de sa chemise étaient retroussées au-dessus du coude.

— Tu t'en mêles aussi, toi, bobonne; voyons, ne fais donc pas ta sucrée, avec ça que tu ne m'as pas avoué que ça t'embêtait des fois de te ficeler comme une saucissonne, et que ce n'était

que pour ne pas faire faire la lippe à Thanésie
que tu t'y prêtais, ainsi qu'à essayer de pincer
du subjonctif...

— Maman a tort, répliqua Thanésie d'un air
pincé, je ne force personne ; ce que j'en dis, moi,
c'est dans votre intérêt ; libre à toi, libre à elle
de ne pas suivre mes conseils, de...

— Ta, ta, ta, ne nous fâchons pas, nous fe-
rions croire à notre prétendu que nous avons
mauvais caractère... Ce qui n'est qu'à moitié
vrai...

— A moitié ?... Ah ! papa, ce n'est pas aimable, ça !... Moi qui n'ai que de bonnes inten-
tions, moi qui... moi qui...

Thanésie fit alors tout ce qu'elle put pour se
faire monter quelques pleurs jusqu'aux yeux,
mais ses efforts furent inutiles ; elle eut beau se
mordre les lèvres, se pincer le nez, cligner de
la prunelle, rien ne vint ; elle était vexée, en
colère, mais nullement chagrine.

Ça ne pouvait pourtant pas se passer comme
ça, aussi continua-t-elle :

— Vouloir faire croire que je suis orgueil-
leuse, vaniteuse, hautaine, pédante, difficile à
vivre, ridicule... Ah ! c'est à en avoir des attaques de nerfs, c'est à s'en trouver mal...

— Voyons, Nésie, pas de bêtises, dit alors le

père Morage ; ne te trouve pas mal, je t'en prie !...

— Ma fille, dit Philomèle, n'aie pas d'attaques de nerfs, ça friperait ta robe...

— Ma chère future, ajouta Didier, ne vous faites pas de chagrin, je suis à cent lieues de croire ce que vous supposez...

C'est comme s'ils avaient chanté. Thanésie crut ne pouvoir se tirer avec honneur de la situation qu'en mettant à exécution ce dont elle venait de les menacer ; aussi commença-t-elle à se tortiller sur sa chaise, à faire les yeux blancs, à pousser de gros soupirs et de petits cris nerveux :

— Ah ! ah ! ah !... Je le disais bien, je me trouve mal..., j'ai des attaques de nerfs. Ah ! ah ! ah !

Cette scène n'était nouvelle ni pour les époux Morage, ni pour Didier, qui, déjà une fois, y avait assisté ; néanmoins, ce dernier crut devoir paraître y ajouter une foi complète ; quant au père et à la mère de Thanésie, ils donnaient en plein dans le panneau.

Cette fois, comme les autres, ils étaient aux cent coups. Philomèle s'était levée, et malgré son embonpoint courait par la chambre, en levant les bras au ciel ; elle les laissait ensuite retomber avec force, criant :

— Mon flacon! mon flacon! mes sels, mon eau de Cologne. Méchants que nous sommes, nous la ferons mourir, cette pauvre chère biche, et elle versait de vrais pleurs, la pauvre bonne femme!

Morage, lui, s'était accroupi devant sa fille, et lui tapait avec force dans les mains en répétant sa phrase de tout à l'heure :

— Voyons, Nésie, pas de bêtises...

Elle continuait de gigoter de plus fort en plus fort, si bien que, d'un coup de pied dans la poitrine, elle lui fit perdre l'équilibre et l'étendit tout de son long sur le dos.

Didier, plus prudent, ne tenait Thanésie que par la tête, aussi ne reçut-il nul horion. Philomèle, qui courait toujours, s'arrêta en voyant la chute de son mari et l'aida à se relever.

—Ça revient-il, monsieur Didier? reprit-elle ensuite.

— Hélas! non, madame, répondit celui-ci, avec un sérieux d'autant plus grand qu'il avait beaucoup de peine à le conserver.

— Et mon flacon que je ne retrouve pas, il faut pourtant lui faire renifler quelque chose... Cherche donc dans la poche de ton tablier, Polycarpe.

Polycarpe est le petit nom du charcutier Morage.

— Dans la poche de mon tablier?... mais je n'y ai rien, moi... Ah!... si, je sens quelque chose.

— Fouille, fouille.

Il fouilla, et sa main reparut armée d'un énorme cornichon.

— Ce n'est qu'un cornichon.

— C'est égal, donne; un cornichon, c'est fort, ça sent le vinaigre.

Et Philomèle s'en emparant alla le mettre sous le nez de Thanésie, qui continuait toujours ses mouvements de bras et de jambes, ainsi que ses petits cris; le cornichon ne fit aucun effet, et Philomèle de s'écrier de nouveau :

— Mon flacon !... mon flacon !...

— Ah! le voilà, je crois, dit Polycarpe, et il alla prendre sur la cheminée une petite bouteille en verre bleu, la déboucha, et, à son tour, vint la fourrer sous les narines de sa fille. Il y mit tant de force qu'il lui fit mal, et que Thanésie, d'un mouvement brusque, repoussa violemment son bras; ne s'y attendant pas, il lâcha la bouteille, qui alla frapper Philomèle en pleine poitrine ; puis, rebondissant, vint retomber sur les genoux de la future de Didier.

— Ah! mon Dieu !

— Ah! Seigneur !

— Ah! saperlote!

Ces trois interjections furent poussées à la fois par Polycarpe, Philomèle et Didier, et elles étaient empreintes d'un tel accent de stupéfaction effrayée, que Thanésie, suspendant un instant sa petite comédie, entr'ouvrit un de ses yeux pour juger de ce qui venait d'arriver de nouveau. Elle le vit, et ce fut à son tour de pousser une interjection énergique, puis de renoncer subitement à l'évanouissement et aux attaques de nerfs, de se lever et de s'écrier :

— De l'encre! de l'encre! de l'encre!

C'était de l'encre en effet que contenait la petite bouteille de verre bleu prise sur la cheminée par Polycarpe.

L'encrier, rebondissant de Thanésie à Philomèle, avait aspergé en passant le visage de Polycarpe et tigré de son noir le rouge vif de ses joues; s'arrêtant un instant sur la poitrine de la grasse dame, il y épanchait son flot sombre, se divisant en vingt petites rigoles, marbrant capricieusement l'opulente robe neuve; puis, opérant sa seconde voltige, et revenant à Thanésie, il avait éclaboussé la chemise blanche de Didier; de là, tombant au beau milieu de la jupe de Thanésie, il y avait immédiatement formé une large flaque; glissant enfin de Thanésie sur le

parquet, il laissait, des flancs brisés de son contenant, échapper le reste de son contenu et ta-
chait le magnifique tapis.

Les deux femmes, s'esquivant, rentrèrent
dans leur chambre respective. Les deux hommes, restés seuls, ne purent s'empêcher de
s'éclater de rire au nez.

— Elle est bonne celle-là, par exemple, dit le
charcutier en se tenant les côtes.

— C'est comme un feu d'artifice noir dont
nous aurions reçu les fusées, répliqua Didier.
Si je m'en allais, père Morage, pour changer de
chemise?

— Ça ne serait pas dommage, mon gendre...

— Ces dames ne reviendront certes pas au
salon.

— Le croyez-vous?

— Je le crois!

— Et moi aussi. Adieu donc.

— Au revoir, à demain.

— Et demain surtout, arrivez à l'heure précise; vous voyez ce dont a été cause votre retard d'une heure et demie. Quoique à vous dire
vrai, entre nous, je crois que ma fille ne se trouvait pas mal tant que ça.

— Ni moi non plus.

—Mais, chut! silence! ne manifestons jamais

devant elle notre incrédulité; elle croit que nous donnons là dedans, et ça la flatte.

— N'ayez pas peur, beau-père.

— Au fond, c'est une bonne petite fille.

— Oui, au fond...

— Et vous serez tous deux très-heureux en ménage.

Après s'être serré la main, ils prirent congé l'un de l'autre. Le père Morage alla se débarbouiller, et Didier regagna sa demeure en se disant :

— Pristi! si Thanésie Morage n'avait pas une si belle dot, ou si je n'étais pas aussi ambitieux, comme je vous l'enverrais se faire épouser ailleurs. Bah! bah! Du reste, aujouta-t-il, une fois que nous serons mariés, je saurai bien la mettre au pas.

Nous pensons que d'après les quelques scènes de ce chapitre, le lecteur aura pu se former une opinion exacte des caractères respectifs des membres de la famille Morage. Le père, un bonhomme, tout franc, tout rond, un peu trivial, mais nullement difficile à vivre. La mère, non moins franche, non moins ronde, surtout physiquement; mais pour faire plaisir à sa fille, qu'elle aime autant et plus que la prunelle de ses yeux, comme on dit. essayant de se plier aux belles manières ainsi qu'au beau langage. La fille, enfin, une petite pimbêche, une véritable enfant gâtée, habituée à ne voir personne lui résister, fière de son peu d'éducation, pas spirituelle, acariâtre, et qui donnera certes beaucoup de fil à retordre à Didier.

Nous n'analyserons pas les quinze jours qui se passèrent encore jusqu'à celui de leur mariage; nous n'assisterons même pas à ce mariage, qui eut lieu sans aucun événement remarquable : nous dirons seulement que le dîner fut émaillé des produits du père Morage ; que celui-ci se grisa et que l'on dansa le soir.

XI

UNE ENVIE DE FEMME.

Deux années entières se sont écoulées depuis le mariage de Véronique et de Pierre. Leur commerce a prospéré ; ils ont fait d'assez bonnes affaires pour se permettre l'adjonction d'un commis et d'une demoiselle de boutique. C'est un grand soulagement pour eux, cela leur donne quelque repos ; ils ne sont plus constamment forcés de rester cloués, de huit heures du matin à minuit, dans le comptoir de leur magasin ; ils peuvent une fois par semaine consacrer une soirée toute entière à se divertir, soit en allant au spectacle, soit en se réunissant avec Didier et la famille de sa femme. A ce dernier plaisir, ils donnent surtout la préférence ; ils ont raison, car pour les amateurs des joies intimes et calmes, rien n'est plus charmant, rien ne procure une félicité aussi douce que la causerie, auprès de la fenêtre l'été, au coin de l'âtre étincelant l'hiver

On est au mois de février, le mois qui, à Paris, est ordinairement le plus rude : au dehors souffle un vent de bise sec et froid ; la gelée a rendu le pavé de la rue d'une blancheur grise et d'une grande propreté ; les gens qui passent ont le nez rouge, soufflent dans leurs doigts engourdis par l'onglée ; ils marchent ou plutôt trottinent en battant la semelle, et la lune pleine, claire et brillante, les regarde et les éclaire. C'est une superbe nuit.

Mais montons au premier étage de la maison dont le rez-de-chaussée est la boutique du ménage Moulin ; pénétrons dans la pièce qui est le salon de l'appartement et regardons ce qui s'y passe. Au coin de la cheminée, dans laquelle pétillent les étincelles d'un feu clair et brillant, et sur laquelle brûle une lampe à abat-jour vert, sont assises Véronique et Thanésie Morage, devenue Mme Didier : celle-ci fait de la tapisserie, et celle-là est étendue inactive dans une large bergère de velours jaune. Son visage est un peu pâli ; mais il ne trahit pas cependant une souffrance présente ; au contraire, son expression est celle d'une béatitude réelle. Les deux jeunes femmes ne causent pas; Thanésie est tout absorbée par la confection de sa paire de pantoufles, et Véronique regarde son mari, lequel le lui rend bien. — Que fait-il, lui? — Il est, en compagnie de Didier, de Polycarpe et de Philomèle, placé devant une table de jeu, au milieu de laquelle se trouvent deux bougies allumées. Devant chacun de ces quatre derniers, sont alignés et superposés des cartons couverts de chiffres, tracés par ligne et cinq par cinq; entre les deux bougies, il y a une corbeille contenant quatre pièces de dix sous; ce sont les enjeux des joueurs. — Et à quoi jouent-ils? — Au loto. C'est le père Morage qui tient le sac et qui tire les boules :

— Les deux andouilles! dit-il en annonçant.

— Qui ça, les deux andouilles? demande sa femme.

— Le onze, pardi! il me semble que ça ressemble bien à deux andouilles.

— Pourquoi ne pas dire le onze tout court?

— Je préfère cette locution, moi; ça me rappelle mon métier, ce cher métier, dont pour vous plaire, à toi et à ta fille, je me suis retiré depuis un an.

— C'est bon, c'est bon, beau-père, ne revenons pas là-dessus et continuez votre tirage.

Qui est-ce qui a le onze?,..Toi, Pierre; fais donc attention. Pourquoi ne marques-tu pas?

— Je regardais Véronique ; puis s'adressant à celle-ci : Tu ne souffres plus, lui dit Pierre, tu n'a plus mal au cœur?

— Non, mon ami, non; je me sens bien, tout à fait bien... mais fais attention à ton jeu, imite Didier.

— Oh! lui, fit Thanésie, ce n'est pas en me regardant qu'il se trompera.

— Avec ça que tu me regardes, toi.

— Voyons, la paix! cria le père; je retire... Lard par-ci, cochon par-là!

— Quoi, encore?

—Soixante-neuf, pardi! On dit bout-ci, bout-là, moi je préfère : lard par-ci... Tous les goûts sont dans la nature.

— Soixante-neuf, quine! A moi les deux francs, dit Didier, et il empocha en effet les quatre pièces de dix sous de la corbeille.

— Encore gagné! ah ça, mais il n'y en a que pour lui; ça fait quatre parties de suite; autrement dit huit francs.

— Moi, je perds toujours, dit Pierre.

— Plains-toi donc, répliqua Didier, tu justifies le proverbe : Malheur au jeu, bonheur en femme.

— Est-ce à dire que toi tu le fais mentir? demanda Thanésie d'un ton aigre; c'est poli.

— Je n'ai pas parlé de ça.

— La paix! la paix!

— Voyons, Didier, allez embrasser votre femme, dit Philomèle d'un air conciliant.

— Voilà, belle-maman, voilà...

— Est-ce que nous ne continuons pas?

— Non, c'est assez, beau-père, huit francs me suffisent pour ce soir.

On se leva. Didier alla apposer un baiser sur le front de Thanésie et s'assit auprès d'elle; Pierre prit place sur le petit tabouret où reposaient les pieds de Véronique, et le couple Morage prit le milieu du cercle formé autour de l'âtre.

— Alors, c'est donc bien vrai, ma petite madame Moulin, que cet été nous aurons à baptiser un marmot de votre façon? dit Polycarpe, prenant l'initiative de la conversation.

— Je n'ose y croire, monsieur Morage, répondit Véronique.

— Vous en avez tous les symptômes, ma chère, continua Philomèle : maux de cœur et faiblesses d'estomac; moi, je me rappelle que durant les premiers mois de Thanésie, je ne pouvais rien garder, n'est-ce pas, Polycarpe?

— C'est une justice à te rendre, nulle nourriture ne te passait ; j'avais beau, pour te ragoûter, t'arranger des tas de chatteries, tels que petits pieds truffés, boudins à la crême, dinde farcie, enfin ce qu'il y a de mieux en cochonnerie ; j'y perdais mon latin.

— Et avez-vous déjà eu des envies ? Moi, j'en étais criblée.

— Ah ! oui, une fois elle m'a fait lever en plein cœur de l'hiver, à cette époque-ci, et par un temps semblable, pour aller lui chercher du melon. J'y ai été, et j'en ai trouvé ; ça m'a coûté cher, par exemple, cinquante francs ; mais je ne devais pas hésiter, quand il s'agit d'empêcher que votre enfant ne naisse avec des côtes de cantalou, car ça n'aurait pas raté.

— Vous croyez !

— Non, à preuve le radis noir.

— Quel radis noir ?

— Thanésie en a un superbe sur le cou.

— Je fis peut-être deux cents fruitières sans pouvoir m'en procurer un.

— Assez, papa, assez sur ce sujet.

Polycarpe se tut, mais Philomèle continua :

— Les envies, voyez-vous, c'est ce qui indique le plus positivement qu'on est dans une situation intéressante.

—Hélas! dit Pierre, j'ai bien peur dans ce cas qu'une fois de plus, la quatrième, notre espérance ne soit encore trompée ; car tu n'as pas encore eu d'envies, n'est-ce pas, Véronique.

Elle ne lui répondit pas.

—Oh! que je serai content, ajouta-t-il, puisque c'est un signe si certain ; que je serai content, le jour ou la nuit, à ton choix, où tu me demanderas quelque chose de difficile, d'impossible même à te procurer ; j'en viendrai à bout, j'en suis sûr.

— Eh bien! sois content.

— Pourquoi ?

— Parce que... parce que j'ai une envie qui vient de me prendre à l'instant... Oh! mais, c'est drôle, à l'instant même.

— Parle! parle vite, que veux-tu?

— J'ose à peine le dire.

— Ose donc!

— Tiens, tenez, mes amis!

Et Véronique montra le coin de la cheminée.

— Quoi? demandèrent-ils.

— Voyez sur le tas de cendres.

— Eh bien!...

— Ce petit morceau de braise, bien brillant, bien noir et bien rond, depuis cinq minutes, il m'attire, il m'invite... enfin, je voudrais le croquer.

— Du charbon ! quelle plaisanterie.

— Non, vraiment, c'est sérieux, insista Véronique.

— Mais, oui, confirma Philomèle, il y a des exemples de ce goût-là ; ne la contrariez pas.

— Dieu m'en garde ! fit Pierre en se levant et en bondissant de joie, je suis bien trop heureux.

Puis il courut prendre sur un petit meuble la soucoupe en argent d'une tasse de même métal, revint s'agenouiller près de la cheminée, saisit du bout des doigts le petit morceau de braise, souffla dessus pour dissiper les quelques parcelles de cendre qui le ternissaient encore, et le posant enfin sur la soucoupe, le présenta à Véronique souriante.

— Ça ne peut pas me faire de mal ? demanda-t-elle.

— Aucun, répondit Philomèle ; rien n'indispose de ce qu'on mange dans ces conditions-là.

— Alors, je me décide et sans scrupule...

Après ces mots, Véronique prit le morceau de charbon et le croqua de ses dents blanches, en paraissant prendre à ce genre de consommation un plaisir infini.

— Est-ce bon? demanda Pierre.

— Très-bon.

— En veux-tu encore?

— Non, ce n'est pas le charbon en général qui me plaît, c'était cette braise-là en particulier ; elle était si gentille, si brillante, si coquette.

—Ainsi, vous êtes sûre, madame Morage, que d'après une telle envie... dit Pierre en allant remettre la soucoupe à sa place.

— Je suis sûre que vous ne tarderez pas à avoir des preuves plus certaines que vous serez père.

— Oui, oui, c'est bien vrai.

La conversation ne languit plus, à partir de ce moment, entre les six personnes qui étaient réunies. La question du sexe de l'enfant revint sur le tapis ; puis celle de la carrière qu'on lui ferait embrasser. Nous connaissons déjà les idées arrêtées que Pierre et Véronique avaient à cet égard ; tous deux désiraient un garçon ; tous deux voulaient qu'il devînt un artiste. La mère Morage prétendit qu'elle était capable de deviner si leur premier vœu s'accomplirait, et cela en faisant les cartes à Véronique. — Y avait-il des cartes à la maison ? — Non ; Didier s'offrit à en aller acheter. Inutile de dire que l'on accepta. Il partit et revint bientôt avec un jeu complet. On approcha la table du foyer, et l'on se groupa autour d'elle avec bien plus d'empressement que n'en avaient mis les joueurs de loto, sur le point de commencer la partie, qui promettait un gain de quarante sous à l'être favorisé du hasard, lequel, nous le savons, avait été Didier.

Philomèle brisa le cachet et développa le jeu. La carte de dessus était le valet de trèfle, c'est l'habitude ; mais on l'oublia, ou plutôt on feignit de l'ignorer, afin de voir dans ce valet de trèfle la première manifestation que Véronique mettrait un petit garçon au monde, et que la vie de ce petit garçon serait heureuse et fortunée. Elle fit couper Véronique de la main gauche, battit les cartes et fit couper encore ; puis commença l'opération. Les cartes sortirent, que c'était une bénédiction, selon l'expression de Philomèle, et toutes bonnes, ma foi! des trèfles et des cœurs, pas un pique et à peine quelques carreaux, et des meilleures encore :

Tels que le dix, qui signifie campagne, longue route...

— C'est juste, dit Véronique, puisqu'il ira à Rome et que nous l'accompagnerons.

L'as et le valet, qui veulent dire une lettre et celui qui l'apporte.

— Une, deux, trois, quatre, etc.

Philomèle compta jusqu'à seize ; il n'y avait que seize cartes, et le nombre impair est nécessaire ; il en fallait une de plus, que l'on prit au hasard dans le jeu.

— Si le petit n'était pas sorti, dit la sibylle de circonstance, on le prendrait ; mais le voilà, justement le dernier de tous… Allons ! tirez, ma belle, et choisissez-lui une voisine bien agréable, encore un cœur si c'est possible, celui qui veut dire mariage.

Véronique tira : ce ne fut pas un cœur, ce ne fut pas la carte qui signifie mariage ; mais bien un pique, le plus mauvais de tous, le neuf : la carte qui signifie la mort, et sa place à l'avance était marquée immédiatement après le valet de trèfle. Triste présage qui fit froncer le sourcil à la mère Morage.

— Qu'avez-vous ? demanda Véronique.

Pierre, qui le devina, poussa du coude la belle-mère de Didier pour qu'elle ne donnât pas la signification précise du neuf de pique ; elle comprit :

— Savez-vous, dit-elle, ce que veut dire cette carte-là ?

— Non, mais je ne sais pas pourquoi elle me fait l'effet d'être mauvaise.

— Mauvaise n'est pas le mot, mais elle est moins bonne que les autres.

— Quelle est sa signification?

— Des traverses, des ennuis.

— Bien graves?

— Non, mais tenez, voilà la suivante qui répare tout.

— Bien vrai?

— Certainement. Ah! dame, tout ne peut pas être que bonheur dans la vie.

— Il n'y aurait pas grand mal à cela, surtout à l'égard de mon fils. Mais voyons, voyons, allez vite, je brûle de vous entendre.

Nous avouons humblement, lecteur, ne pas être versé dans la nécromancie, ni dans la cartomancie; nous ne pouvons donc détailler les prédictions de la mère Morage; nous dirons seulement que le hasard fit qu'à toutes les joies, qu'à toutes les prospérités, qu'à tous les bonheurs s'annonçant en faveur du valet de trèfle, le neuf de pique venait toujours apporter sa désillusion : impossible de l'éviter, plus on battait les cartes, plus il revenait à propos, ou mieux, mal à propos. Néanmoins, on donna le change à Véronique, qui, joyeuse, battait des mains à chaque promesse du destin; quant à Pierre, il savait ce que présageait le neuf

de pique; mais comme il n'était pas supersti-
tieux du tout, sa présence dans le jeu ne l'inquiéta pas.

Le reste de la soirée fut employé à choisir dans
les magasins des étoffes blanches, en laine, en
fil et en coton pour la layette que Véronique
déclara vouloir confectionner, quoiqu'il lui eût
été facile de prendre l'une de celles qui atten-
daient chaland.

— Je vous aiderai, promit Thanésie.

— Je la commencerai demain...

— Demain, soit !

Didier voulait être le parain ; le père Morage
réclama, et vu son âge, il eut la préférence.

— Et qui choisirez-vous pour commère ? lui
demanda Véronique.

— Ma fille, répondit-il.

Enfin, l'heure vint de se séparer, au grand
regret de tous ; on prit congé, et les dernières
paroles qui furent échangées, les voici :

Didier.

Dis donc, Pierre, je veux une fille, moi... si
j'en ai une.

Pierre.

Eh bien ?

Didier.

Tu me la demanderas en mariage pour ton fils.

XII

—Mon ami! mon ami!... Pierre, réveille-toi... réveille-toi, Pierre, je souffre bien.

C'est Véronique qui, plusieurs mois après l'époque où nous l'avons quittée à la fin du chapitre précédent, appelait ainsi Pierre, couché et endormi dans un cabinet attenant à leur chambre à coucher commune, mais où, depuis quinze jours, elle reposait toute seule, à cause du terme prochain de sa grossesse. Il n'y avait pas à en douter, il était enfin arrivé, ce moment suprême, à la fois si redouté et si désiré par elle et son mari. Il y avait une heure que les premiers symptômes, que les premières douleurs l'avaient prise, et elle les avait supportés en se plaignant tout bas, ne voulant pas troubler inutilement le repos de Pierre, ainsi que cela lui était arrivé trois jours auparavant : elle l'avait fait lever, puis courir chez la sage-femme, et quand il revint, l'amenant, Véronique ne souffrait plus ; ç'avait été une fausse alerte. Mais cette fois, avec tout le courage possible, il n'y avait pas moyen de se taire ; c'était trop fort, et puis la sage-femme l'avait dit, ce devait être pour cette nuit-ci. Véronique renouvela son appel, et Pierre enfin se réveilla en sursaut.

— Est-ce toi qui m'appelles, Véronique ? demanda-t-il.

— Oui, mon ami, c'est moi, répondit-elle d'une voix plaintive.

— Tu souffres ?

— Beaucoup.

— Oh ! quel bonheur ! ne put-il s'empêcher de s'écrier, l'égoïste ; mais, se reprenant aussitôt : Oh ! qu'est-ce que je dis là, je ne le pense pas, va, ma petite femme.

— Si fait, tu le penses, et moi aussi ; je souffre bien, puisque je ne puis m'empêcher d'en crier, mais je suis tout de même bien contente et je dis avec toi : quel bonheur ! quel bonheur ! notre petit enfant va donc naître.

— Tu achèves ma pensée, ma chère petite femme ; voyons, me voilà prêt.

En effet, pendant le peu de temps qu'ont duré les phrases précédentes, il avait eu celui de se vêtir des pieds à la tête. Il s'approcha du lit de Véronique et l'embrassa :

— Que dois-je faire ? dis vite.

— Fais monter d'abord la portière près de moi ; tu sais qu'il est convenu depuis longtemps que c'est elle qui sera ma garde-malade.

— Oui, bien ; après ?

— Après, cours chez la sage-femme, qui demeure heureusement tout près, au haut du faubourg, proche de la barrière.

— Je sais bien, j'y suis allé déjà trois fois ; bon courage, Véronique, bon courage, je pars.

— Comment, tu pars nu-pieds ?

— Je suis nu-pieds ? tiens, c'est vrai ; je perds la tête, vraiment. Voilà mes bottes mises, au revoir.

— Et ton chapeau ?

— Je n'ai pas mon chapeau, à quoi pensé-je donc ? ah ! je le sais bien.

— Et moi aussi. Coiffe-toi vite ; eh bien, que fais-tu donc ?

— Ce que je fais ? mais dame, je me coiffe.

— Avec quoi ?

— Ah ! elle est trop forte.

Savez-vous ce qu'il avait fait ? Il avait pris,

au lieu du sien, le chapeau de sa femme et se
l'était mis sur la tête sans s'apercevoir de la
méprise, tant étaient grandes sa joie et son
émotion. Il éclata de rire et Véronique aussi ;
mais une douleur nouvelle arrêta tout court
cette dernière, et lui fit jeter un cri plus aigu
que les précédents ; le trouble de Pierre s'en
augmenta. Il avait ôté le chapeau de Véronique, mais tournait, virait dans la chambre,
sans voir le sien, qui lui crevait les yeux : il y
renonça.

— Bah ! nous sommes en juillet, dit-il, je ne
cours pas risque de m'enrhumer, et puis quand
même...

— Oh ! dépêche-toi, interrompit sa femme.
— Oui, oui.

Il descendit quatre à quatre, réveilla la portière, qui monta sur-le-champ, et, une fois dans
la rue, il se mit à courir d'une vitesse à faire dix
lieues à l'heure ; mais voilà que dans son trouble,
toujours croissant, il avait pris à gauche au
lieu de prendre à droite, de manière qu'il se
trouva tout à coup au boulevard au lieu d'être
en vue de la barrière. S'il avait eu le temps, il
se serait volontiers arrêté pour se dire des in-
jures, pour se battre, mais il n'avait pas le
temps, aussi se mit-il à regrimper la côte avec

non moins de vitesse qu'il l'avait descendue. Cette fois encore, il dépassa le but, mais de quelques pas seulement ; il rétrograda, et lorsqu'il eut regardé en l'air pour s'assurer, d'après le tableau qui en décorait la façade, que cette maison était bien celle de la praticienne à qui il avait affaire, il se mit en devoir de frapper à la porte bâtarde : pas de marteau pour ce faire ; il y alla des pieds et des mains, mais le chêne, trop massif, ne rendait qu'un bruit sourd, incapable d'être entendu de l'intérieur ; il prit le parti d'appeler.

— Madame... madame... commença-t-il à crier. Allons, bon ! je ne me souviens plus du nom de la sage-femme à présent, c'est comme un fait exprès, comme une malédiction... Madame la sage-femme. Ah ! imbécile... il y a une sonnette, peut-être... mais, oui, ce n'est pas douteux ; je me la rappelle, elle est là, à droite ou à gauche. La nuit est noire, on n'y voit pas, mais en tâtant... Ah ! je la tiens !...

Il tenait, en effet, le bouton d'une sonnette, il le tira, et peu après, la porte s'ouvrant, il put entrer. A peine avait-il fait quelques pas dans l'allée, que la susdite porte se ferma brusquement derrière lui, ce qui fait qu'il se trouva au milieu de la plus profonde obscurité.

— Bien, se dit-il, pas de lumière ; il fait noir comme dans un four, et cette maison qui n'a pas de portier ; pourvu que je trouve l'escalier ! Il doit être, si je m'en souviens, à gauche, tout au fond de l'allée... oui, le voilà, montons... Ah ! diable, à quel étage déjà, au premier ou au second ? Puisque l'on m'a ouvert, on sait que je monte, et l'on devrait bien m'éclairer.

En achevant cette phrase, il était arrivé au milieu du premier étage, qui tournait à cet endroit-là, et d'où l'on pouvait voir, quand il faisait clair bien entendu, le palier et la porte qui y donnaient. Continuant à monter, il gravissait les dernières marches de ce premier étage, en se demandant toujours si c'était là ou au-dessus que demeurait la sage-femme, lorsqu'il entendit le bruit d'un pène jouant dans une serrure : c'était la porte du palier qui s'ouvrait, mais qui restait tout contre. Néanmoins, une raie lumineuse encadra cette porte entre-bâillée, et il put se guider vers elle, en se disant avec une apparence de raison, mais toujours à part lui :

— C'est là que loge la sage-femme, puisque l'on vient d'ouvrir cette porte à l'intention de celui à qui l'on a déjà ouvert en bas ; mais pourquoi ne vient-on pas m'éclairer tout à fait ?

Il se trouvait en ce moment devant la porte

et ne prit pourtant pas sur lui d'entrer tout de go; il frappa.

— Entre, entre vite, lui fut-il répondu de l'intérieur.

Il ne remarqua pas ce tutoiement assez étrange cependant, mais la voix qui parlait était une voix féminine; or, il ne douta pas que ce ne fût l'organe de la sage-femme. Son hésitation cessant, il pénétra dans une anti-chambre assez obscure encore, car elle ne recevait de lumière en cet instant que du reflet de celle qui éclairait une pièce voisine, dont la porte était toute grande ouverte; mais personne n'apparaissait sur le seuil pour le recevoir. La voix de tout à l'heure se fit entendre de nouveau :

—Et la porte du carré, disait-elle, est-ce que tu ne la fermes pas? ferme-la donc vite, vite.

Machinalement, Pierre obéit et poussa la porte, qui se ferma. Mais cette fois, il avait remarqué que cette voix de femme le tutoyait, et instinctivement, il craignait de s'être encore trompé.

— Peut-on entrer? dit-il.

— Mais oui, mais oui, viens donc.

Il entra, et se trouva face à face avec une alcôve, dans laquelle se trouvait un lit; une femme y était assise sur son séant et dans le déshabillé presque le plus complet. Il avait déjà vu la sage-femme, et ce n'était pas elle; s'il avait pu en douter, le cri que poussa la dame peu vêtue, en s'apercevant qu'elle non plus ne le connaissait pas, aurait suffi pour le convaincre.

— Qui êtes-vous, monsieur? que voulez-vous? demanda la dame stupéfaite.

— Pardon, madame, excusez-moi; je me trompe sans doute; ce n'est pas ici la sage-femme?

— Mais non, monsieur, et je vous prie de...

Un grand coup de poing, donné du dehors sur la porte d'entrée, vint interrompre l'explication qui allait avoir lieu.

— Ouvrez, ouvrez, misérables, dit une voix qui semblait être celle d'un homme furieux; ouvrez, ou j'enfonce la porte!

— Mon mari, ciel! il est revenu. Monsieur, monsieur, oh! n'ouvrez pas; s'il vous trouve ici, il croira que vous êtes mon amant, que c'est vous que j'attendais, cachez-vous...

— Pas du tout, madame, pas du tout; je viens pour la sage-femme, moi; je suis déjà en retard, ma femme attend, et...

—Ouvrirez-vous? reprit l'homme du dehors,

en gratifiant de nouveau d'un coup de pied formidable l'obstacle de sapin.

— Voilà, monsieur, voilà. Mais avant de
vous ouvrir, afin de vous éviter de faire un
mauvais coup, dont vous seriez probablement
fâché après, et moi aussi, souffrez que je vous
explique pourquoi je suis chez vous.

— Je ne le sais que trop, infâme gueusard ! tu
y es pour me faire...

— N'achevez pas, monsieur, n'achevez pas ;
c'est du faux le plus faux, et du vrai le moins
vrai.

— Tâche de me faire gober ça ; est-ce qu'on
vient à deux heures du matin chez les gens
histoire de leur faire une visite de politesse,
mille millions de n'importe quoi !... gare à toi
et à ta complice. Vlan ! vlan !

L'homme du dehors asséna deux nouveaux
coups de pieds sur la porte et le colloque reprit.

— De quelle complice parlez-vous? de votre
femme? mais je ne la connaissais pas il y a dix
minutes ; je viens de la voir pour la première
fois, et elle-même était stupéfaite lorsqu'elle
m'a aperçu, elle s'est révoltée.

— Oui, mon ami, oui, fit à son tour la femme,
qui avait passé un peignoir pour venir se mêler
à la conversation.

— Ah! c'est vous, péronnelle, pas grand'-
chose, rien du tout, qui recevez des hommes la
nuit, quand vous me croyez trop occupé de
mon travail pour venir vous surveiller. Vlan !
vlan !

Nouveaux coups de pieds.

— Voyons, monsieur, reprit Pierre; trois minutes de patience; écoutez-moi jusqu'au bout,
que diable! et si vous ne trouvez pas mes rai-
sons bonnes, eh bien, alors, il sera temps de
continuer à vous mettre en colère.

— Parle, parle, mais n'espère pas me faire
prendre des vessies pour des lanternes.

— Je venais chercher la sage-femme pour
mon épouse, qui est sur le point d'accoucher.

— Oui, c'est cela, interrompit la femme, qui
prenait la balle au bond, et qui venait d'avoir
une inspiration subite, et, comme il y a deux
sonnettes au dehors, monsieur s'est trompé et a
tiré celle de droite, qui est la nôtre, au lieu de
celle de gauche, qui est celle de madame Cramoison.

— Pourquoi as-tu ouvert, alors?

— Pourquoi? parce que je connaissais tes
injustes soupçons, parce que je me doutais bien
que tu allais revenir, parce qu'enfin je croyais
que c'était toi qui sonnais.

— Vrai, Ursule? dit le mari, dont l'organe devint immédiatement plus doux.

— Parole d'honneur !

Ça pouvait être vrai, mais ça ne l'était pas. Pierre s'en convainquit par un coup d'œil jeté sur la femme, et auquel celle-ci répondit par un geste suppliant, qui semblait dire : Ne me démentez pas. Il n'avait garde.

— Ouvrez alors, ouvrez, fit le mari d'un ton tout à fait calme.

Pierre s'empressa de le faire, et le mari entra. C'était un homme grand et robuste ; la première chose qu'il fit, ce fut de prendre par la main Pierre ainsi que sa femme, et de les entraîner brusquement tous les deux dans la pièce éclairée ; là, il les regarda bien en face pour juger par leur contenance s'ils étaient véritablement innocents. Après cet examen, tous ses soupçons se dissipèrent, d'autant plus qu'il reconnut Pierre.

— Vous êtes, lui dit-il, le mercier du faubourg du Temple?

— C'est cela même.

— Vous logez au numéro 46?

— Certainement.

— Je vous reconnais ; j'ai travaillé dans votre maison la semaine dernière, et je me souviens qu'en effet votre petite femme était enceinte.

— Très-bien ; alors, lâchez-moi vite, que je monte chez la sage-femme, car voilà plus d'une heure que je suis parti de chez moi, et ma femme souffrait.

— Allez, allez, mon brave homme ; je ne vous retiens plus, et je vais même vous éclairer.

Il fut en effet assez complaisant pour cela, mais Pierre n'avait décidément pas de chance. Il frappa, il tambourina pendant cinq minutes à la porte de madame Cramoison, avant qu'on ne vînt lui répondre, et la voix qui le fit enfin, ce fut celle d'une petite fille.

— Qui est là ? demanda-t-elle.

— Madame Cramoison, est-ce ici ?

— Maman n'y est pas, monsieur.

— Comment ! elle n'y est pas ?

— Non, elle est allée rue du Chaume, numéro 20, chez une dame pour l'accoucher...

— Reviendra-t-elle bientôt ?

— Je ne sais pas, monsieur ; quelquefois maman reste toute la nuit ; elle m'a dit que si l'on venait, on aille la chercher rue du Chaume.

— Sapristi !

Après ce juron, Pierre dégringola quatre à quatre sans remercier celui qui l'avait éclairé, ni prendre congé de lui ; puis, se retrouvant dans la rue, il reprit ses jambes à son cou avec l'intention de courir rue du Chaume ; heureusement, il lui fallait repasser forcément devant chez lui ; sans cela, il y aurait été tout droit et il eût fait encore un voyage inutile.

Debout sur le pas de la porte, sa concierge, qui le guettait, l'arrêta au passage :

— Eh bien ! monsieur Moulin, monsieur Moulin ! dit-elle, où courez-vous si fort ?

— Ah ! c'est vous, mère Majou, laissez-moi, laissez-moi, ne me retenez pas ; si vous saviez, je suis au désespoir.

— Eh ! de quoi donc ?

— La sage-femme, après laquelle je cours depuis une heure, n'était pas chez elle, et il faut que j'aille encore rue du Chaume.

— Inutile !

— Comment ! Mais, à propos, et Véronique, souffre-t-elle toujours ?

— Non.

— Non, dites-vous ; ah ! mon Dieu, encore une fausse alerte ; ce ne sera donc pas pour aujourd'hui ?

— Non, ce ne sera pas, car ça est.

— Ça est, quoi ? qui est-ce qui est ?

— Vous ne devinez pas ?

— Non! non! dit Pierre, en accentuant ces deux *non*, comme s'il eût prononcé deux *oui*.

— Vous ne devinez pas? eh bien! tant pis, cherchez.

— Vrai, bien vrai? continua Pierre, qui se décida à s'avouer à lui-même qu'il comprenait ce que voulait dire la portière. Mais non, c'est impossible! puisque je n'ai pas trouvé la sage-femme.

— Avec ça qu'on l'aurait attendue, si elle n'était pas arrivée toute seule.

— Elle est arrivée toute seule? ajouta Pierre, reculant, à dessein, et pour s'y habituer, la révélation sur laquelle il comptait, et que l'air calme de la portière lui annonçait heureuse.

— Oui; en revenant de la rue du Chaume, elle a vu là-haut de la lumière qui allait et venait; elle est montée, et il n'était que temps, encore quelques minutes et le petit gaillard faisait tout seul son entrée dans le monde.

— Le petit gaillard? c'est un petit gaillard? Ah! madame Majou, madame Majou, que je vous embrasse...

Il le fit comme il le disait; il se précipita au cou de la concierge, et lui donna sur ses vieilles joues les deux plus jeunes baisers qu'elle y eût reçus depuis longtemps; puis, après avoir fait deux sauts, deux cabrioles involontaires, il s'élança comme un fou par l'escalier, et on eût dit qu'il ne s'arrêterait qu'arrivé près du lit de sa femme. Mais non, comme si le ressort de ses deux jambes se fût subitement cassé, dans la salle à manger, il lui fallut s'asseoir ; puis là, tendant l'oreille, suspendant sa respiration, il attendit. — Qu'attendait-il encore ? Le croirait-on, il n'avait pas le courage d'affronter brusquement la vue de sa femme, qui, pensait-il, devait être transformée par la maternité; il tremblait à l'idée de se trouver tout à coup vis-à-vis de ce jeune inconnu dont il était le père. Il s'était dit (on ne sait pourquoi en maintes circonstances de ce genre on se dit ces choses-là, mais on se les dit souvent, voilà ce qui est certain), il s'était dit : Je n'entrerai pas que je n'aie entendu parler la mère et vagir mon enfant.—Et rien, rien pendant deux minutes, qui lui parurent durer deux grandes heures; aucun bruit, si ce n'est celui d'une cuiller remuant quelque chose dans une tasse, puis un silence, puis le choc léger de la tasse et du marbre sur laquelle on la posait, sans doute après l'avoir vidée, puis un baiser. A ce bruit-là, il se leva tout à coup, mais n'entra pas encore. Enfin, enfin, un petit cri, — c'était l'enfant, — et une douce voix qui disait : Est-il gentil! — c'était la mère. Ah! pour le coup, il entra ; mais, pris d'un éblouissement, il fut forcé de s'arrêter sur le seuil et de s'appuyer à la commode.

— Ah! c'est toi, viens, viens donc, Pierre, viens donc voir notre fils, qu'il est beau !

— Voyons.

A ce mot, Pierre s'approcha, des larmes lui tombaient des yeux ; il se pencha sur le lit, où, près de Véronique, sur la taie blanche d'un oreiller, reposait mollement le nouveau-né, et là, oh! là, ce fut une étreinte indescriptible : là, on embrassa et l'on fut embrassé, comme, bien sûr, l'on embrasse et l'on n'est embrassé qu'une fois dans la vie.

XIII

DIEU L'A DONNÉ… DIEU LE REPREND!…

C'était le surlendemain, à neuf heures du matin ; le temps était superbe, les doubles rideaux
de mousseline des croisées de la chambre de
l'accouchée tamisaient les rayons trop ardents
du soleil et en atténuaient l'éclat et la chaleur.
Véronique se portait bien, et l'on avait la certitude acquise que dans quelques jours elle
serait tout à fait rétablie. Le petit garçon aussi
se portait à merveille ; c'était vraiment un
bel enfant ; il ressemblait à son père ainsi qu'à
sa mère ; le petit larron leur avait pris à tous
les deux, pour s'en composer une ravissante
figure, ce que chacun d'eux avait de véritablement bien. Faut-il vous additionner les caresses
qu'il avait reçues depuis l'avant-veille, tant de

son père et de sa mère que de Didier, de Thanésie, de Polycarpe, de Philomèle, de la sage-femme, de la concierge, du commis et de la demoiselle de boutique?

Véronique, coiffée d'un bonnet, élégant dans sa simplicité, et vêtue d'une camisole non moins coquette, était dans son lit, mais assise

Elle emmaillottait son poupon dans **de** beaux langes bordés de dentelles, et Pierre l'aidait; ils souriaient tous deux de toute leur âme. Tout à l'heure allaient arriver le père Morage et sa fille Thanésie, qui devaient être le parrain et la marraine. Il va sans dire que Didier et Philomèle accompagneront, l'un, sa femme, et l'autre, son mari.

C'est donc la toilette de baptème à laquelle on procède, à l'égard du fils adoré de Véronique et de Pierre Moulin. Elle est terminée. On sonne. La mère Majou, qui est encore de garde, va ouvrir la porte. Ce sont le parrain et la marraine suivis de la sage-femme, Mme Cramoison. Ils entrent.

Polycarpe est superbe avec son habit bleu barbot à boutons de cuivre doré. Thanésie est mise avec goût, grâce à Didier, qui ne lui permet plus les robes blanches à fleurs jaunes et violettes. Philomèle, qui continue à jouir de son libre arbitre, porte une robe gorge-de-pigeon, et sur la tête un chapeau de soie verte à rubans rouges, à plumes jaunes et à fleurs bleues.

On s'embrasse, on se complimente, Polycarpe offre à Véronique des boîtes de dragées ficelées de faveurs roses, une jolie bague et de beaux pendants d'oreilles. Il donne cent sous à la portière, vingt francs à la sage-femme, et tout le monde est content de lui. Thanésie enveloppe son filleul d'une jolie pelisse, brodée par elle-même ; on présente une dernière fois le petit marmot aux baisers de sa mère, et celle-ci ne peut s'empêcher de pleurer un peu du regret d'être obligée de garder le lit pendant que les autres vont porter son enfant à l'église.

— Nous serons bientôt de retour, lui promet-on.

Elle se console ; alors on part. Des voitures attendent en bas ; on s'y place et bientôt on arrive devant Sainte-Élisabeth, où pénètrent poupon, parrain, marraine, père, amis, etc.

Il faisait bien chaud dehors, il y avait vingt-huit degrés au moins ; en revanche, il faisait bien frais dans l'église, bien frais surtout dans les fonts baptismaux, qui se trouvaient situés à quelques pieds au-dessous du niveau du reste de l'édifice. La sensation fut pénible aux grandes personnes, qui se le manifestèrent ; cette sensation dut être plus forte encore chez le petit enfant, qui n'en dit rien, pour cause ; néanmoins, on n'y songea pas, et puis on y aurait songé, le mal était produit, qu'y faire ? Donner l'ordre peut-être de faire tiédir l'eau que l'on allait verser sur le front de l'enfant, car cette eau était glacée : quand on l'en ondoya, le petit garçon poussa un petit cri ; on continua, on acheva de le baptiser, et ses noms furent Auguste et Théophile.

Puis l'on sortit, et l'on remonta en voiture. Nouveau saisissement produit par le passage subit du froid à la chaleur, et semblable à celui qu'avait occasionné le passage spontané de la chaleur au froid. On rentra au logis, joyeux autant qu'il est possible. Véronique reprit son enfant et demanda des détails sur la cérémonie. Sans y attacher d'importance, on lui conta comme quoi la frigidité de l'eau sainte avait arraché une plainte au petit ; elle s'en inquiéta, elle s'en effraya même sérieusement pendant un instant ; mais bientôt, rassurée par la sage-femme :

— Il semble avoir envie de dormir, dit-elle, mettez-le dans son berceau.

D'après le désir de Véronique, on l'y plaça

tout doucement, on ferma ses rideaux et l'on se mit à table. Le couvert avait été dressé dans la chambre à coucher même, près du lit de Véronique, qui se sentait assez brave pour y assister, sinon pour y prendre part. On fut fort gai, mais à bas bruit; il ne fallait pas fatiguer la mère ni réveiller l'enfant.

Vous pouvez vous imaginer toutes les folies joyeuses, toutes les plaisanteries de bon aloi, dont les convives firent assaut pour égayer la jeune mère et pour se réjouir eux-mêmes.

— Nous ne pouvons terminer dignement ce festin, dit tout à coup Didier en élevant son verre où pétillait du vin de Champagne, qu'en portant un toast à la mère et à l'enfant : qu'en dites-vous ?

— Adopté, le toast ! répondirent en chœur tous les autres.

— Qu'on apporte l'enfant à sa mère, et que l'une tenant l'autre ils reçoivent ensemble l'hommage de nos vœux.

— Il dort encore, le petit paresseux, dit la garde en écartant les rideaux du berceau.

— Apportez-le moi tout de même, je vais le mettre là sur un oreiller près de moi.

La mère Majou l'apporta et l'arrangea elle-même sur l'oreiller en question.

— Comme il est pâle ! ce cher petit, dit Véronique ; puis, l'embrassant : comme il a froid ! continua-t-elle effrayée ; mais voyez, voyez donc, on dirait qu'il ne respire plus ; est-ce que... Ah !

Elle poussa un cri affreux et s'évanouit.

Il était mort, l'enfant de Véronique et de Pierre ; mort par suite du froid glacial de l'église.

Ce serait folie d'essayer de peindre la scène qui se passa alors dans la chambre à coucher, où depuis deux jours on était si joyeux. Pour ces immenses douleurs-là, comme pour les immenses joies, il n'y a pas de couleur sur la palette de l'écrivain. Votre cœur vous dira les tortures de celui de nos deux héros.

De cette journée-là, il ne résulta individuellement pour Pierre rien de funeste ; le physique ne souffrit point du coup porté à son moral, et ce fut bien heureux ; car, pour ce qui est de la pauvre Véronique, cet événement avait de bien graves conséquences. La révolution qui s'était faite en elle avait déterminé l'apparition immédiate d'une fièvre très-dangereuse.

Pierre se doutait bien que Véronique courait de grands dangers, et, comme il ne voulait pas quitter d'une minute le chevet du lit de sa femme, il y avait quatre jours et quatre nuits qu'il n'avait dormi, et à peine pris quelque nourriture. Toujours l'esprit et l'attention tendus sur Véronique, qui, en proie presque constamment au délire, ne le reconnaissait pas, il ne cessait de la regarder, d'épier son moindre geste, de prévenir son moindre besoin ; et il avait le courage, la force, de ne pleurer que quand l'abattement succédait à de rares intervalles à l'animation de la fièvre, et qu'alors Véronique ayant les yeux fermés ne pouvait voir ses larmes. Elle ne les aurait pas compris ces pleurs, la pauvre enfant, puisque depuis quatre jours elle n'avait plus sa connaissance.

Dans la nuit de ce quatrième jour, à minuit environ, Véronique tout à coup parut plus calme, elle venait de s'assoupir ; la mère Majou, dont Pierre repoussait constamment la participation aux soins à prendre de la malade, et qui en avait pris son parti, dormait de son côté très-profondément. Pierre regardait sommeiller Véronique, et depuis quatre-vingt-seize heures qu'avait duré l'agitation de celle-ci, il s'y était tellement habitué, qu'il s'effrayait de la voir plus calme et sommeillant réellement ; il se penchait sur sa bouche, et s'il se rassurait, en sentant sa respiration moins brûlante, moins pénible et moins oppressée, c'était pour se remettre quelques moments après à craindre de plus belle, et pour recommencer à approcher de plus près encore du visage de sa femme.

Pour la cinquième fois depuis une demi-heure, Pierre se courbait sur Véronique, quand tout à coup celle-ci rouvrit les yeux : leur éclat était moins intense, moins fiévreux ; quant à l'égarement, il avait complètement disparu. Elle sourit à Pierre, comme si elle le reconnaissait. — Le reconnaissait-elle vraiment ? — Oui, car elle lui adressa la parole :

— C'est toi, mon ami ? dit-elle.

— Tu me reconnais ?

— Certainement.

Et elle voulait sortir l'un des bras de son lit pour lui tendre la main.

— Reste, reste, dit-il, le médecin défend que tu sortes les bras.

Elle obéit, et c'était bien bon signe, car d'ordinaire il fallait presque employer la violence pour l'y contraindre ; elle résistait même à la voix de son mari.

Elle lui obéit donc et continua avec son doux sourire de malade :

— Oh ! que je viens de bien dormir, mon Pierre, et que je viens de faire un rêve consolant ; j'ai rêvé de lui...

Pierre n'osait pas lui demander de qui, il s'en doutait trop ; mais elle lui dit :

— De lui, de notre enfant, de notre pauvre petit qui est mort.

Elle se souvenait ; Pierre eut peur, il tressaillit malgré lui. Elle s'en aperçut.

— Ne crains rien, ne crains rien, ajouta-t-elle ; mon transport est passé, je n'ai plus la fièvre ou presque plus ; certes avec elle mon chagrin ne s'est pas tout à fait effacé ; mais le songe que Dieu vient de m'envoyer l'a bien adouci. Écoute, Pierre, écoute, que je te raconte ce songe.

Vouloir l'en empêcher était plus dangereux que de la laisser dire. Pierre écouta ; elle parla ainsi :

— Il me sembla d'abord que j'étais dans un beau jardin, mais dont les fleurs n'étaient toutes que des immortelles ; j'en cueillis quelques-unes, et aussitôt mes pieds quittèrent la terre ; une force irrésistible, une puissance indéfinissable m'attirait en haut. Je montais, je montais, jusqu'à ce que tout fût bleu autour, au-dessous et au-dessus de moi. Alors, une douce musique se fit entendre ; le bleu s'ouvrit, et j'aperçus... oh ! c'était bien beau, Pierre, des nuages d'or, le trône de Dieu : autour de lui des anges, et parmi ces anges, notre enfant. Oui, notre enfant, lui-même, qui vint à moi et me parla. Il me dit : « Petite mère, pourquoi pleures-tu ? je suis bien heureux ; c'est une grâce que le bon Dieu m'a faite de me reprendre tout de suite, et de ne pas me faire acquérir la bienheureuse éternité par les douleurs de l'existence : le regretter trop amèrement, ce serait de ta part de l'égoïsme ; console-toi, et que mon petit père se console aussi, lui. Ce n'est pas pour toujours que je vous ai quittés, ce n'est pas adieu que je vous ai dit, c'est au revoir. » Cela dit, il se tut ; il m'embrassa et retourna, en me souriant encore, parmi les anges du bon Dieu, et... je viens de me réveiller...

Ce récit n'avait pas été fait par Véronique avec cette exaltation fébrile dont, pour l'ordinaire, sont empreints les discours des malades qui, dans leur transport, ont parfois quelques idées suivies, quelques moments lucides ; c'était tranquillement, posément qu'elle avait raconté son rêve ; elle traduisait un souvenir récent, elle n'était point en proie à une hallucination nouvelle. Pierre ne put en douter longtemps, car elle ajouta presque aussitôt :

— Il a raison mon rêve, va ; certainement que nous eussions tout fait pour rendre à notre petit garçon la vie aussi douce que possible, dans le présent comme dans l'avenir ; mais Dieu, qui nous l'avait donné, en sait plus long que nous là-dessus : il nous l'a repris ; sa volonté soit faite. Il saura lui faire là-haut une félicité bien plus grande ; ayons donc de la force pour supporter cette dure épreuve. Bien sûr, Pierre, bien sûr qu'il nous en récompensera plus tard, ne fût-ce qu'en nous rappelant bien vite aussi à lui.

— Oh ! que dis-tu là, Véronique ?

— Rassure-toi, Pierre ; ne crois pas que je fasse allusion à ma situation présente, je ne désire pas mourir ; je veux vivre avec toi, pour toi, et je vivrai, oui je vivrai ; je sens que je suis sauvée.

— Quel bonheur ! s'écria Pierre avec une joie trop grande, et qui pouvait être imprudente, en ce qu'elle dévoilait les craintes qu'il avait eues.

— Tu en doutais, Pierre ; n'est-ce pas, j'ai été bien mal ? Ne dis pas non ; à travers mon délire, j'entendais, je comprenais parfois ; je voyais tes pleurs, et, à défaut de mes yeux, mon âme pleurait avec toi. Tiens, vois comme je suis lucide aujourd'hui ; je me rappelle qu'une fois tu m'as dit : Obéis, si tu m'aimes ; et comme je résistais, tu as ajouté : Tu ne m'aimes donc plus, Véronique? Qu'ai-je répondu, moi, hein? quelque dureté... Oh! pardon, ce n'est pas moi qui parlais, c'était cette vilaine fièvre; elle me forçait à dire des choses que je ne pensais pas : je t'aime toujours, je t'aime plus que jamais...

— Oui, mais, vois-tu, tais-toi, ma chère; ça peut te fatiguer de parler tant que ça, de penser aussi longtemps, tâche de te rendormir, veux-tu?

— Je le veux bien ; on doit m'avoir préparé une potion, n'est-ce pas? est-il utile que j'en boive ?

— Oui.

— Eh bien, donne-m'en.

Avec une joie indicible, Pierre fit prendre à Véronique une cuillerée de la potion dont l'effet était de la faire dormir, et cet effet fut presque immédiat : elle se rendormit et avec plus de calme encore.

Que Pierre était heureux ! il réveilla exprès la mère Majou pour lui faire part de ce mieux subit qui se manifestait dans l'état de Véronique; elle s'en réjouit avec lui, et ils attendirent tous deux avec une impatience extrême l'arrivée du médecin pour lui annoncer ce qu'ils croyaient, que dis-je ! ce qu'ils étaient certains être une bonne nouvelle. Enfin le docteur arriva : Pierre lui raconta tout, et la mère Majou répéta phrase par phrase la narration de Pierre. Mais, ô surprise douloureuse ! le médecin ne se réjouit pas avec eux ; il fit un mouvement de tête et un clapement de langue qui ne leur parut pas être d'un bon augure.

— Expliquez-vous, docteur, expliquez-vous, dit Pierre. J'ai entendu dire maintes fois que ces lucidités, succédant subitement à un délire fiévreux, indiquaient presque toujours l'approche des derniers moments du malade. Est-ce là votre avis ? répondez, oh ! répondez, je vous en prie ; j'ai du courage et comme, si elle en mourait, j'ai d'avance arrêté ma résolution, je puis tout entendre ; mais non, non, ce n'est pas là ce que je dois vous dire pour tirer de vous la vérité ; je ne me tuerai pas, non, sur ma parole, docteur, je ne me tuerai pas...

— Silence, silence, dit celui-ci en posant un doigt sur ses lèvres, prenez garde de la réveiller.

— Oui, oui, vous avez raison, je me tais, répondit Pierre, plus calme parce que le médecin en ce moment considérait le sommeil de Véronique, et que la vue de ce sommeil semblait lui redonner de l'espoir. Ses sourcils se défronçaient, il respirait plus librement ; il mit enfin doucement la main sur le front de Véronique, l'y laissa quelque temps, et lorsqu'il l'ôta, de sa poitrine il s'échappa un : *Ah!* soupiré avec l'expression d'une satisfaction complète.

—Vrai, vrai! dit Pierre qui comprit. Ce n'est pas pour me rassurer seulement que vous venez de soupirer ainsi, docteur, n'est-ce pas? ce se serait mal, bien mal, ce serait indigne, ce serait...

— Allons donc, vous me connaissez mal ; elle sera sauvée.

— Elle ne l'est pas encore ?

— Non, mais demain matin, de neuf à dix heures, la crise aura lieu. Je reviendrai pour y assister, et, selon ce qu'elle sera, appliquer le remède ; mais je ne dois pas vous quitter ce soir sans vous laisser la somme entière d'espérances que vous êtes en droit de concevoir : il se peut que cette crise que je crains n'ait pas lieu à l'heure dite, et alors...

— Achevez !

— Et alors, c'est qu'elle ne se produira pas du tout, que la marche de la maladie aura repris ses allures naturelles, et que dans huit jours notre malade trottera comme vous et moi.

Pierre sauta au cou du docteur et l'embrassa sur les deux joues, la mère Majou en fit autant :

quoique portière, c'était une brave femme, un digne cœur que la mère Majou.

— Ainsi vous dites demain matin, de neuf à dix ?

— Oui : je serai venu, soyez tranquille. Jusque-là, laissez-la dormir et ne vous inquiétez pas si son sommeil se prolonge plus qu'il ne s'est prolongé encore. Si elle se réveille, au contraire, donnez-lui de la potion et ne la faites pas parler.

Après ces dernières recommandations, le médecin partit et Pierre reprit sa place, en compagnie, cette fois, de la mère Majou, qui lui fit vis-à-vis au chevet de Véronique.

Mais le médecin s'était trompé. La nature se plaît souvent à déjouer les calculs et les prévisions de la science : la crise vint plus tôt, et Pierre ignora que c'était elle.

A quatre heures et demie seulement s'interrompit le sommeil de Véronique. Elle rouvrit les yeux, et Pierre y lut encore qu'elle le reconnaissait ; sa raison, en effet, lui était restée tout entière ; mais elle se plaignit d'une oppression extrême. Tout ce que faisaient Pierre et la mère Majou n'apportait aucun soulagement ; l'oppression, l'étouffement, les douleurs venaient intolérables. Il n'était pourtant que cinq heures, ce n'était donc pas la crise annoncée, c'était un accident nouveau et imprévu.

— Mère Majou, dit Pierre ne sachant plus où donner de la tête, courez chez le docteur; courez et ramenez-le.

La mère Majou ne se le fit pas répéter deux fois. Elle jeta un châle sur ses épaules, partit et laissa Pierre tout seul avec sa femme.

Le pauvre garçon faillit en devenir fou lui-même, car il ne pouvait à lui seul contenir Véronique, qui s'agitait, qui se tordait dans des convulsions douloureuses ; elle avait rejeté loin d'elle le drap qui la couvrait et criait :

— Oh! mon Dieu! oh! mon Dieu! mais je souffre trop, moi... mais ça m'étouffe, mais je vais mourir, mais ça me brûle, mais on dirait que je suis empoisonnée. Oh! Pierre, Pierre, c'est ce que tu m'as donné, c'est cette potion peut-être.

— Oh! que dit-elle, oh! ne crois pas ça, Véronique ; tiens, tiens, j'en bois, moi, je bois tout, et tu vois bien, ça ne me fait pas de mal.

Il avait, en effet, vidé la fiole qui contenait le reste de la potion, dans l'espoir insensé que Véronique, délivrée de cette crainte, souffrirait moins. Mais non, l'étouffement, les douleurs allaient toujours croissant. Pierre, impuissant à apaiser cette horrible souffrance, s'était jeté à genoux et priait.

Quelques minutes après, la mère Majou revint, amenant le docteur, dont les remèdes soulagèrent promptement la malade ; il déclara que maintenant Véronique était sauvée.

Le médecin disait vrai. Huit jours après, Véronique, complètement guérie, se levait pour la première fois, et faisait, au bras de son mari, le tour de sa chambre à coucher.

XIV

L'ENFANT GATÉ.

Huit ans se sont écoulés depuis le dernier chapitre. Le calme le plus parfait, le bonheur le plus réel ont constamment régné dans le ménage Moulin. Pierre et Véronique s'aiment comme le premier jour.

Quant à Didier et à Thanésie, ils sont parfaitement en règle avec les us et coutumes matrimoniaux : d'abord ils n'ont jamais eu l'un pour l'autre une passion bien exagérée, mais si légère qu'elle ait été, elle a complètement disparu pour faire place à l'indifférence la plus complète. Ils font chambre à part et ne se voient guère qu'à l'heure du dîner et à celle du déjeuner ;

encore arrive-t-il souvent que Didier dîne et déjeune dehors, et sur ce point-là Thanésie ne se fait aucun scrupule de l'imiter. Pourtant, le dimanche, ils sont exacts, voici pourquoi : ils ont un fils, lequel va déjà en pension, quoiqu'il ne soit âgé que de sept ans et quelques mois ; toutes les semaines on va le chercher, on le promène, et le soir on dîne en famille. Le petit Lucien, c'est son nom, est un charmant enfant de figure, mais non de caractère ; il est horriblement gâté par son grand-père et sa grand'mère, qui l'aiment à la folie. Didier n'a pas pour lui moins d'indulgence ; Thanésie seule essaie de se montrer sévère à son égard, mais seulement par esprit de contradiction et pour ne pas agir comme son mari. Il ne faudrait cependant pas tirer de tout cela l'induction que les époux Didier se haïssent, non certes ; ils ne s'aiment pas, voilà tout. S'ils ont chacun un appartement séparé, c'est que c'est meilleur genre. Il y a deux ans qu'ils ont adopté cette mode, comme conséquence naturelle de leur changement subit de demeure et de profession. Didier, cédant autant aux instances de sa femme qu'à son propre désir, a vendu à cette époque son fonds de nouveautés, et est venu loger sur le boulevard Montmartre, au numéro 18. Il y occupe tout le premier étage; sur le palier se trouvent deux portes.

La première, ornée d'une plaque de cuivre où sont gravés ces mots : *Bureaux et caisse de la maison de banque Didier et C*^e.

On voit que l'ami de Pierre Moulin s'est tenu la parole qu'il s'était donnée depuis longtemps de devenir banquier. Seulement, il l'est tout seul; les mots *et compagnie* qui accompagnent son nom ne sont là, comme il arrive souvent, que par genre et pour la forme. A la suite des bureaux, et sous la même clef, sont un salon et une chambre à coucher spécialement réservés à Didier.

La seconde porte n'a aucune plaque ; c'est là que loge Thanésie ; c'est là aussi que sont et la salle à manger où l'on se réunit le dimanche, et la chambre du petit Lucien.

Ce n'est jamais qu'à propos de ce dernier que de presque sérieuses altercations ont lieu entre Didier et Thanésie; leurs autres petites querelles ne sont que de ces escarmouches sans conséquence qui se terminent par un haussement d'épaules et le départ de celui des deux qui, pour le moment, se trouve être le plus raisonnable, avec ou sans accompagnement de cette dernière phrase :

— Veux-tu que je te le dise : tiens, tu m'ennuies.

Quant à des griefs assez graves pour que sur eux puissent se baser de véritables hostilités, s'ils en ont mutuellement à se reprocher, ils l'ignorent; or, c'est comme s'ils n'en avaient pas.

Ils doivent en avoir cependant.

Didier dîne trop souvent dehors et rentre trop souvent après minuit.

Pour Thanésie, elle va aux bains de bien bonne heure et donne bien fréquemment la pièce à son portier.

Pierre et Véronique, peut-être est-il nécessaire de l'ajouter, demeurent toujours rue du Faubourg-du-Temple, n° 46 ; leur petit magasin de la *Bonne foi*, enseigne si bien justifiée, est toujours bien achalandé ; ils n'y réalisent pas d'immenses bénéfices, mais comme ils sont bien loin d'avoir l'ambition excessive de Didier et de Thanésie, ils se contentent d'en vivre aisément et de se préparer un avenir non moins heureux, au moyen de cinq à six cents francs qu'ils économisent chaque année et qu'ils placent sur le Grand-Livre.

Retournons maintenant d'où nous venons de nous éloigner pendant quelques instants, c'est-à-dire chez Didier Beaumont.

Dans son appartement, il n'y a personne, car c'est dimanche : les bureaux sont fermés, et Didier, parti depuis le matin, n'est pas encore rentré. Dans la salle à manger de Thanésie, par contre, sont réunies trois personnes : un homme, un enfant et une femme ; l'homme, qui n'est autre que Polycarpe Morage, se trouve pour le quart-d'heure sur les genoux et sur les mains, autrement dit à quatre pattes ; entre ses dents, en manière de mors, il serre une petite règle, à chaque bout de laquelle est attachée une ficelle ; — l'enfant, c'est le petit Lucien, il a de beaux cheveux blonds retombant en boucles sur les épaules, de jolis yeux bleus et un petit nez en l'air. En ce moment, il est à cheval sur le dos de son grand-père, et de ses deux genoux serre vigoureusement les côtes de celui-ci, en même temps qu'il tient en mains et tire ferme les deux ficelles attachées à la règle, et qui lui tiennent lieu de guides ;—la femme, c'est Philomèle, armée d'un martinet et se tenant debout derrière le groupe équestre formé par son petit-fils et son mari.

Bref, costumes à part, cette scène était la reproduction exacte du tableau si connu d'*Henri IV en famille*. Il n'y manquait que l'ambassadeur d'Espagne, à qui le bon roi, sans quitter sa position, adresse ces paroles :—Êtes-vous père de famille, monsieur l'ambassadeur ? — Oui, sire, répond celui-ci. — Alors, continue le vert-galant, permettez que je fasse encore une fois le tour de cette chambre.

— Hue donc, dada ! hue donc ! criait Lucien. Grand'maman, tape-le donc, il ne va pas ; tape, tape !

— Oui, mon bibi, et Philomèle cingla consciencieusement un coup de son martinet sur l'ancien charcutier.

—Pristi ! hé ! pas si fort, là-bas, fit Polycarpe d'une voix assez étranglée par la règle qui lui servait de mors.

— Marche alors, ajouta Lucien. Vite, vite, cours, hue ! mon âne.

Polycarpe obéit, et se traînant toujours sur les genoux et sur les mains, il fit avec une grande vitesse deux fois le tour de la salle à manger, à la joie excessive du petit garçon, s'agitant sur son dos d'une manière qui devait être fort gênante, et aux éclats de rire de Philomèle, qui continuait à trottiner derrière ; mais tout à coup Polycarpe s'arrêta en poussant un cri :

— Aïe !

— Quoi ?

— Hue !

— Je viens de rencontrer un clou qui a déchiré mon pantalon ; descends, bibi, descends.

— Non, je ne veux pas.

— Je te donnerai deux sous.

— Non, na. Hue ! hue !

Et l'enfant terrible se mit à tirer de plus belle la double ficelle qu'il tenait. Il le fit avec tant de force, que la petite règle cassa net ; alors, il perdit l'équilibre, tomba à la renverse et glissa rudement du dos de son grand-père sur le parquet nullement tapissé.

Sur ce, changement subit et complet de mise en scène.

Philomèle lâcha son martinet et s'empressa de relever son petit-fils, qui beuglait comme un âne et y semblait autorisé par une bosse superbe qu'il s'était faite au front. Polycarpe s'était redressé, et l'on pouvait en effet remarquer que son pantalon était déchiré au genou gauche. Si, ainsi que sa femme, il ne courait pas au secours de Lucien, ce n'était pas indifférence, mais bien étranglement : la règle, en se cassant dans sa bouche, lui avait envoyé un éclat de bois dans la gorge, dont il cherchait à se débarrasser en toussant formidablement. Il y parvint ou bout de cinq minutes, pendant les-

quelles, cris quinte et consolations firent un cha-
rivari du plus comique effet. Ayant enfin retiré
son petit morceau de bois, il s'approcha de Philomèle, qui tenait sur ses genoux et calmait le
jeune bossué, lequel mit une trêve à ses pleurs
pour envoyer un grandissime coup de pied
dans les jambes de Polycarpe, en lui disant :

— Méchant grand papa !

— Charmant enfant !

Après quoi il reprit, et sur un diapason plus
élevé encore, le cours de ses braillements.

— Mais, mon bibi, je t'assure que ce n'est pas
de ma faute.

— Si, t'as mangé la règle exprès.

— Oh ! si on peut dire ; j'ai manqué de
m'étrangler, ça m'entrait dans le cou.

— C'était bien fait. Oh ! là, là ! ça me cuit-y.

— Pauvre bichon, dit Philomèle, quelle bosse
il a !

— Faut l'aplatir avec une pièce de cent sous.

Et en tirant une de son gousset, Polycarpe
voulut la poser sur le front de son petit-fils.
Ah ! bien oui, pas moyen. Lucien opposa une
résistance vigoureuse, et il fallut y renoncer.
Tout ce que l'on put obtenir, ce fut qu'il se laissât ceindre le crâne d'une compresse d'eau et
de sel, ce à quoi il ne consentit encore, que

moyennant le don de la susdite pièce de cent sous, qu'il empocha, se promettant de s'en acheter le lendemain un grand polichinelle.

Sur ces entrefaites, Thanésie rentra; elle était sortie depuis le matin, sinon avec, du moins, ainsi que son mari. Elle demanda la cause de l'emmaillottement de la tête de son fils, et celui-ci crut que c'était le moment de recommencer ses criailleries. Il se trompait; sa mère, à qui Polycarpe venait de raconter l'accident et ses causes, lui imposa silence, lui donna tort, et loin de le plaindre, lui dit qu'il méritait de recevoir le fouet, et qu'il le recevrait, s'il ne se taisait sur-le-champ. Il le fit, cela va sans dire. On sait que Thanésie était la seule qui ne le gâtât point ; elle allait même, malgré l'intercession du grand-père et de la grand'mère, s'approprier la pièce de cent sous en question; Lucien, sur l'ordre de Thanésie, l'avait tirée de sa poche et la présentait sans mot dire, lorsque la porte s'ouvrit de nouveau, livrant passage à son père, son père qui le gâtait autant que Polycarpe et Philomèle, que dis-je, autant! bien davantage; car en lui, comme en eux, ne se combattaient pas le désir de soutenir l'enfant et la crainte de choquer la mère. Le petit gaillard le savait bien; aussi, dès l'apparition de l'auteur de ses jours, réintégrat-il dans sa poche la pièce de cinq francs qu'il n'avait pas encore lâchée, rouvrit-il l'écluse de ses yeux, et recria-t-il de plus belle, en sautant des genoux de sa grand'mère, et courant les bras étendus vers Didier, qui le prit, l'embrassa d'abord, et s'informa ensuite. Philomèle allait recommencer pour son gendre la narration déjà faite par Polycarpe à sa fille ; mais le jeune Lucien prit la parole en sanglotant et en se frottant les yeux avec les poings :

— C'est méchant bon papa qui m'a fait tomber de dessus son dos, où j'étais à cheval ; il a mangé ma règle et ça m'a fait une bosse, et puis méchante bonne maman qui m'a mis de l'eau et du sel, ça me cuit comme tout. Alors, ils m'ont donné cent sous pour m'acheter un polichinelle, et petite maman voulait me les reprendre, mes cent sous, et puis me donner le fouet pour la peine.

Tel fut le discours du jeune Lucien ; discours assez astucieux comme on voit, et, quoique reproduisant la vérité, le faisant sous des couleurs et dans un sens tronqué, propres à donner le change à l'amour aveugle d'un père. De ces paroles, il semblait résulter : que Polycarpe avait mangé la règle exprès pour bossuer son petit-fils, ce qui était faux ; — que Philomèle

n'avait appliqué la compresse que dans le but
d'augmenter les douleurs causées par la susdite
bosse, ce qui n'était pas vrai ; — et qu'enfin Thanésie, poussant la sévérité maternelle jusqu'à
la concussion, prétendait se faire payer cent
sous le fouet qu'elle voulait infliger, ce qui
manquait d'exactitude.

Polycarpe et Philomèle s'empressèrent de se
disculper vis-à-vis de leur gendre, qui fronçait
le sourcil et leur lançait un regard des moins
tendres. Pour Thanésie, elle ne dit rien, mais
elle haussa les épaules et sourit d'un air de pitié. Didier vit ce sourire et ce haussement
d'épaules, et son courroux s'en alluma :

— Est-ce donc là ce que vous appelez être
bonne mère? dit-il. Ce pauvre enfant s'est fait
du mal, et au lieu de le consoler et de le plaindre, vous semblez lui en faire un crime ; vous
l'en puniriez même je crois, si je n'étais pas là.

— Oui, je le punirais, mais non pas comme
vous dites (ce qui n'a pas le sens commun),
parce qu'il s'est fait du mal, mais bien parce
que si cet accident lui est arrivé, c'est de sa
faute, de la faute de son mauvais caractère...
Vous l'élevez si mal, vous lui passez tout ; et
vous prétendez que vous l'aimez. Joliment...
pour vous-même, je ne dis pas, mais non pour

lui. Quand il sera grand, ce sera du gentil, ça fera un joli coco.

— Madame, je vous défends d'appeler mon fils, joli coco, répliqua Didier furieux ; furieux à ce point qu'il renvoya à Thanésie l'expression grotesque dont elle s'était servie, comme si c'eût été l'injure la plus formidable.

Du reste, l'accent avec lequel joli coco avait été prononcé lui donnait une importance telle, que les deux grands parents eux-mêmes s'en offusquèrent.

— Le fait est que joli coco est un peu raide, murmura Polycarpe.

— Oh ! Thanésie, balbutia Philomèle, appeler cet enfant joli coco !

— Et puis, reprit Didier, comme c'est comme il faut dans la bouche d'une femme, joli coco ! et puis après, madame voudra faire des façons, se donner de grands airs, me blâmer quand parfois je lancerai un mot un peu risqué... Joli coco !

— Eh bien ! oui, fit Thanésie, poussée à bout, surexcitée par cette réprobation générale, joli coco ! joli coco ! joli coco !... là !

Et, en manière de point d'exclamation, en terminant sa phrase, elle frappa violemment du pied sur le parquet ; c'est-à-dire elle eut l'intention de frapper sur le parquet ; mais Polycarpe s'étant approché de sa fille dans l'intention de la calmer, ce fut en plein sur son pied gauche que le pied droit de Thanésie ponctua la phrase ci-dessus ; ce qui opéra une diversion heureuse et mit un terme subit aux *jolis cocos* qui menaçaient de tourner aux *tartes à la crème* de Molière.

— Aïe ! hurla l'ancien charcutier, en plein sur mes cors, oh ! là, là !

La douleur était si violente, qu'il prit en main le bout de son pied lésé, et, tout en faisant une horrible grimace, se mit à sauter par la chambre sur une seule jambe, et de la même manière que les gamins qui se livrent au jeu de la *marelle* ; ce que voyant, le petit Lucien, qui avait cessé de crier, et dont les larmes ne coulaient plus, se prit à éclater de rire. Cette manifestation joyeuse fit l'effet de la goutte d'eau froide dans le vase d'eau bouillante : tout se calma, tout s'apaisa : il était clair que tout le monde était la dupe de ce gaillard-là. Didier, vexé au dedans, le reposa à terre ; Polycarpe s'arrêta court, puis vint s'asseoir auprès de Philomèle ; Thanésie seule, qui n'avait pas pris au sérieux la douleur physique et morale de son fils, n'eut pas à changer l'expression de sa physionomie

narquoise et dédaigneuse. A partir de ce moment, le plus grand silence régna entre les ac-
teurs de la scène précédente; Lucien, lui-même,
assis sur un tabouret, dans un coin de la pièce,
n'osa pas reprendre un jeu quelconque et finit
par céder à un profond sommeil; ce qui l'en
tira, ce fut l'arrivée de la bonne, qui se mit en
devoir de dresser le couvert, l'heure du dîner
étant venue.

— Tiens, dit-il, pourquoi donc, bobonne, que
tu mets sept couverts quand nous ne sommes
que cinq? Ah! je devine, c'est que bon ami Moulin et bonne amie Véronique viennent manger
la soupe avec nous, pas vrai?

Il ne se trompait pas; au moment où sa bonne
allait lui répondre, on sonna; cette dernière
alla ouvrir, et Pierre et Véronique entrèrent, à
la grande satisfaction des couples Morage et
Beaumont, dont chacun des membres, croyant
qu'il était de sa dignité de ne pas reprendre le
premier la parole, commençait à se sentir sin-
gulièrement embarrassé de cette contenance pé-
trifiée. L'apparition des deux époux Moulin
rendit subitement le mouvement à leurs corps,
le sourire à leurs lèvres, la parole à leurs langues. Comme s'ils eussent été mus par le même
ressort, ils se levèrent en même temps et s'écriè-
rent ensemble :

— Ah ! enfin, vous voilà.

— Mais nous ne sommes pas en retard, au contraire, dit Pierre; vous savez bien que d'habitude, il nous est impossible de quitter notre magasin avant cinq heures précises, ce qui fait que nous n'arrivons qu'à cinq heures et demie ; or, vous devriez plutôt vous étonner de nous voir parmi vous à quatre heures trois quarts.

— Nous nous étonnerons tout à l'heure, mais avant, ta main, Pierre.

— Oui, votre main, monsieur Moulin.

Selon leur désir, Pierre tendit sa droite à Didier et sa gauche à Morage ; les trois femmes, de leur côté, s'embrassèrent; quant à Lucien, il gambadait de l'un à l'autre groupe en s'écriant :

— Bon ami Pierre, et mon polichinelle ! bonne amie Véronique, tu m'apportes-t'y des gâteaux ?

Et tout en les interpellant ainsi, il fouillait dans leurs poches; il y trouva par bonheur ce dont il formait le souhait ; tant mieux, car s'il en eût été autrement, peut-être bien eût-il recommencé à faire la moue, peut-être bien sa mère l'eût-elle encore morigéné, son père l'eût-il défendu, et une nouvelle altercation conjugale se fût-elle entamée.

— Maintenant, Pierre, reprit Didier, dis-nous

un peu à quoi nous devons le plaisir de vous posséder, toi et ta femme, avant votre heure habituelle?

— A deux causes : la première, c'est que maintenant nous avons un premier commis, si habile, si entendu, et dans lequel nous avons une telle confiance, qu'il nous sera désormais loisible de nous absenter plus tôt et plus souvent de chez nous ; la seconde, c'est que j'apporte un billet de spectacle, une loge pour la Porte-Saint-Martin, dont ce même commis m'a fait cadeau ; il la tient, à ce qu'il paraît, d'un de ses amis qui fait des pièces de théâtre.

— Une loge, oh ! tant mieux, dit Philomèle.

— Bonne affaire ! ajouta Polycarpe.

— J'adore le spectacle.

— J'en suis fou.

— De combien de places? demanda Thanésie.

— Hélas ! de quatre seulement.

— Ah ! quel dommage, dirent ensemble les époux Morage, prévoyant que ce seraient eux qui resteraient à la maison.

Mais cette perspective avait l'air de les contrarier tellement, qu'il fut convenu qu'au contraire ce serait Pierre et Didier qui seraient exclus de la partie de plaisir. L'initiative de ce sacrifice fut prise par Didier, et Pierre, par politesse, y consentit aussi, par politesse seulement, car jamais, depuis leur mariage, lui et sa femme ne s'étaient divertis l'un sans l'autre.

Pour les exclus de la loge donnée, il y avait bien la ressource de prendre des places au bureau, et cette légère dépense n'était pas faite pour les arrêter; mais en trouverait-on, des places? C'était douteux, ou mieux ne l'était pas; il était certain à l'avance que la salle serait pleine; la pièce nouvelle obtenait un succès immense, et ce jour-là, un dimanche, la foule ne manquerait pas de s'y porter plus encore que dans la semaine. C'est Didier qui se chargea de faire toutes ses observations-là; elles étaient justes, et tout le monde s'y rendit.

— Mais, que ferez-vous donc alors ce soir tous deux? demanda Véronique, que, sans qu'elle le laissât paraître, cet arrangement ne plaisait guères?

— Dame, nous irons d'abord vous conduire jusqu'à la porte du théâtre, répondit Pierre.

— Puis, continua Didier, nous nous promènerons, nous irons au café, jouer aux cartes ou au billard, jusqu'à l'heure où le spectacle finira.

— Vous viendrez nous y rechercher?

— Bien entendu.

— Madame, la soupe est servie, annonça la bonne en ce moment.

— Bonne nouvelle ! à table, et dépêchons; ça commence à six heures un quart...

XV

UNE INFIDÉLITÉ.

Une heure après le commencement de ce festin de famille, nos six personnages s'acheminaient deux par deux, et marchant à la file les uns des autres, comme s'ils eussent été une petite pension en promenade, vers le théâtre de la Porte-Saint-Martin. Pendant la route, les deux jeunes femmes, et surtout Véronique, se bercèrent encore de l'espoir que leurs maris pourraient trouver des places au bureau et assisteraient comme elles à la représentation ; mais elles durent y renoncer, une fois qu'elles furent arrivées devant le théâtre, le long des murs duquel serpentait, en replis tortueux, une queue formidable. L'heure de l'ouverture sonna, les portes cessèrent d'être closes, et en quelques minutes la foule s'engouffra tout entière dans le vaste édifice. Grâce au coupon de loge dont ils étaient porteurs, le père Morage et ses trois dames avaient la certitude de ne pas trouver leurs quatre places occupées ; aussi, ne se pressant pas, ils n'entrèrent que lorsque la masse du public se fût tout à fait écoulée.

Véronique ne pouvait se décider à quitter le bras de son mari. Ah ! si elle l'avait osé, elle aurait déclaré renoncer au spectacle et céder sa place à Didier ; elle aurait dit que jusqu'à ce jour n'ayant pris aucune distraction sans que Pierre la partageât, elle ne voulait pas commencer à déroger à cette bonne habitude ; mais elle n'ôsa pas, elle craignit de paraître ridicule, et comme le père Morage s'impatientait un peu, elle le suivit enfin, non sans ressentir une émotion profonde, non sans avoir grand'peine à retenir les pleurs qui lui montaient aux yeux.

— Pourquoi ? nous dira-t-on ; une femme va tous les jours au spectacle sans son mari, et pour cela ne verse pas de larmes ; c'est de la niaiserie, de l'exagération.

— Non, c'était un pressentiment.

Pierre, il faut l'avouer, ne le partagea nullement, la chose lui paraissait aussi naturelle qu'elle l'était en effet, et même elle le réjouissait intérieurement. Depuis bien longtemps, il n'avait mis les pieds dans un café pour y jouer au billard, aux cartes et aux dominos, et comme à ces trois jeux jadis il était fort, il n'était pas fâché de les pratiquer de nouveau.

— Nous voici libres jusqu'à onze heures, il n'en est que six, ça en fait cinq, que nous avons à dépenser. Voyons, Didier, dit-il gaiement en prenant le bras de son ami, quel estaminet choisissons-nous pour y aller passer notre soirée ; je te provoque aux cartes, aux dés, au billard, à tout ce que tu voudras ; autrefois, je te battais souvent, mais je dois m'être rouillé depuis ce temps, et ce sera ton tour de me vaincre.

— Promenons-nous d'abord un peu, répondit Didier.

— Volontiers.

— Tu tiens donc essentiellement à aller au café, toi? continua le mari de Thanésie, en commençant avec Pierre la promenade qu'il venait de lui proposer.

— Mais, dame, j'y tiens sans y tenir, c'est toi-même qui, à dîner, a annoncé à ces dames que nous y passerions la soirée.

— Parbleu ! devant mon beau-père, ma belle-mère et ma femme, je ne pouvais pas dire que...

Il s'arrêta tout court, comme si, le com-

mencement de cette phrase lui étant échappé
malgré lui, il redoutait, en l'achevant, de scan-
daliser Pierre ou de se compromettre lui-
même.

— Eh bien, après, qu'est-ce que tu ne pouvais pas dire? reprit l'époux de Véronique.

— Tiens, au fait, pourquoi m'en cacherais-je
envers toi ; tu es mon ami, et je suis sûr que tu
ne me trahiras pas.

— Tu as un secret à me confier?

— Oui.

— Parle, parle, ça va m'amuser, et ne crains
rien ; tu sais que jadis j'étais la discrétion en
personne, je ne dois pas être changé ; je t'écoute.

— Dis donc, Pierre, est-ce que tu trouves
que ma femme est bien jolie?

A cette question, Pierre regarda Didier avec
étonnement, et par politesse peut-être allait-il
répondre oui ; mais sans lui en laisser le temps,
son ami continua :

— Non, n'est-ce pas? et aimable non plus,
et spirituelle non plus, et aimante, pas davantage.

— Dame, moi je ne sais pas trop, tu dois le
savoir mieux que moi.

— Je le sais en effet... Or, si ta femme était
ainsi, est-ce que ça te suffirait?

— Où diable veux-tu en venir ?

— A ceci... j'ai une maîtresse.

— Vraiment !... Mauvais sujet.

Et dans l'accent avec lequel Pierre prononça ces paroles, il n'y avait aucune indignation ; au contraire, loin de ressembler à un reproche, elles paraissaient être une espèce de félicitation et signifier :

— Est-il heureux, ce gaillard-là !

— Oh ! oh ! monsieur Pierre Moulin, dit en ce moment à celui-ci la voix secrète de sa conscience, pour qu'une telle révélation soit écoutée par vous avec tant d'indulgence, est-ce que, par hasard, vous seriez capable d'imiter Didier Beaumont !

— Oh ! non, oh ! non, se répondit-il à lui-même, ma femme à moi, ma Véronique est on ne peut plus jolie, aimable et spirituelle ; ma situation n'est pas le moins du monde semblable à celle de mon ami, et si j'excuse sa conduite, c'est que j'en comprends fort bien la cause.

— C'est égal, cher ami ; votre premier mouvement aurait dû être répulsif, quitte après cela, votre amitié aidant, à raisonner comme vous venez de le faire. Diable ! diable ! cela m'inquiète pour vous, ainsi que pour Véronique.

— Bah! bah! vous êtes folle, ma conscience.

Cette petite conversation avait lieu dans le for intérieur de Pierre, en même temps qu'il semblait écouter avec la plus grande attention le récit que lui faisait Didier de ce qui avait amené la connaissance de sa maîtresse et de ce qu'était la femme qu'il préférait à son épouse légitime, en même temps aussi qu'il dialoguait avec celui-ci et l'approuvait de vive voix.

Hélas! non, elle n'était pas folle, sa conscience. Pour un mari incapable d'être infidèle à son épouse comme lui, le récit du moindre coup de canif dans un contrat quelconque doit encourir de prime abord son blâme. Il aime sa femme, lui, c'est très-bien; il l'aime parce qu'elle est jolie, parce qu'elle est bonne, aimable et spirituelle. Mais toutes ces qualités-là, qui ont été le prétexte de son amour, n'en sont plus maintenant la raison; quand, après huit ans de ménage, on aime encore sa femme, on l'aime parce qu'on l'aime, et voilà tout; on s'habitue à croire que tous les maris sont comme vous, heureux à en rester fidèles. Or si, à brûle-pourpoint, un de vos confrères en *conjungo* vient vous dire : « J'ai une maîtresse ; » vous devez adresser à votre ami une verte réprimande. Si vous ne le faites pas, c'est que le naturel volage que vous aviez quand vous étiez garçon existe encore au fond de vous, et à la première occasion reprendra le dessus.

Pierre n'était pas tout à fait dans cette position-là ; il avait bien été garçon, mais pas jeune homme. Il n'a pas acquitté sa dette à la débauche, et l'on prétend que cette créancière-là vous force toujours à la payer, tôt ou tard. — Gare là-dessous, Pierre ! Gare là-dessous ! tu ferais mieux de quitter Didier et de retourner bien vite à la Porte-Saint-Martin, ne dusses-tu trouver de place que dans un corridor et ne regarder le spectacle que par la lucarne vitrée de la loge de ta femme.

Ah ! bien, oui, plus souvent qu'il suivra ce dernier conseil de sa conscience ! Tout ce que lui raconte Didier est bien pour lui d'un trop haut intérêt; il n'en perd pas une syllabe; il ne s'aperçoit pas du chemin que l'autre lui fait prendre, et les voilà tous deux en ce moment qui grimpent le faubourg Poissonnière.

— Oui, mon cher; oui, elle est superbe, et de plus, artiste.

— Bah ! artiste.

— Oui, comédienne ! c'est-à-dire comédienne, je me trompe, danseuse.

— Vraiment ! es-tu heureux, une femme de théâtre, ce doit être bien amusant.

— Je t'en réponds.

— Comme ça, tu la vois de près ?

— De très-près.

— Ç'a toujours été mon désir, de regarder à la ville une actrice, de causer avec elle surtout ; c'est niais, mais il me semble que ça me procurerait un agrément énorme.

— Tu vas t'en assurer.

— Comment ! que veux-tu dire ?

— Je veux dire que nous allons chez elle, je t'y emmènes passer la soirée.

— Oh ! oh ! non, non, non ! s'écria Pierre en dégageant vivement son bras de dessous celui de Didier.

— Comment ça : oh ! non, non ! N'as-tu pas peur qu'elle te mange ?

— Non, mais ma femme...

— Ta femme n'en saura rien. Est-ce que ma femme en sait quelque chose, et cependant c'est ma maîtresse, à moi. En me suivant, quel sentiment te pousse, aucun que celui de la curiosité, n'est-ce pas ?

— Oh ! certes, pas autre chose.

— Eh bien ! cèdes-y donc ; viens, puisque tu le désires, voir une actrice de près, et tu ne feras pas plus de mal que tu n'en fais quand tu vas au Jardin des Plantes voir une lionne.

Pierre, pourtant, ne se décida pas sur-le-champ; il fallut que son ami insistât, et beaucoup. Si, aussi bien, ils eussent été encore sur le boulevard, il est probable que Pierre n'aurait pas succombé à la tentation : il aurait eu le courage de laisser Didier aller seul, mais quand celui-ci lui dit :

— Nous voici devant la porte, tiens, là, au n° 102.

— Vraiment! dans cette maison-ci ?

— Oui, au second ; tiens, regarde, les fenêtres sont éclairées, ce sont les deux du coin, celles de son salon Ah ! il est joli, tu vas voir ; il est orné de dix de ses portraits, chacun dans un costume différent.

— Bah! Sans doute dans ceux des rôles qu'elle a créés ?

— Tout juste.

— Elle a donc du talent?

— Je crois bien. Faut-il que tu sois encroûté pour ne pas connaître, de réputation au moins, Florina.

—Florina? mais je la connais de réputation ; tu ne me l'avais pas nommée. Comment! c'est Florina qui est ta maîtresse?

— Eh ! oui. Allons, viens.

— Mais dis donc, fit encore Pierre, qui ne résistait plus, est-ce que je suis présentable, hein ?

— Tu es magnifique.

Ce disant, Didier saisit le marteau de la porte cochère et frappa. La porte s'ouvrit, les deux amis entrèrent et jetèrent au concierge le nom de celle qu'ils allaient visiter : le portier fit, en clignant de l'œil, un petit mouvement de tête familier et presque amical à Didier, ce qui prouva à Pierre que ce n'était pas de ce jour seulement que son ami venait dans la maison.

— Bonsoir, monsieur Arthur, fit de plus le concierge ; madame est chez elle.

— Je le sais bien ; et, suivi de Pierre, Didier se mit à gravir les deux étages.

— Tu t'appelles donc Arthur, toi ? depuis quand ?

—Ah ! oui, au fait, j'oubliais de te dire qu'on ne me connaît ici que sous ce pseudonyme. Fais attention de ne pas m'appeler Didier.

—C'est dit ; et moi, dis donc, est-il nécessaire que je me débaptise aussi ?

— Eh dame, ce serait peut-être prudent.

— Alors, je choisis Anatole.

— Convenu. Ah! il y a du monde chez Florina, dit Didier. Entends-tu ?

—Oui, on touche du piano et l'on chante; c'est chez elle?

— Oui, mais ça ne fait rien, au contraire.

— J'aurais préféré...

— Il n'est plus temps.

Didier sonna, et un instant après Pierre et lui pénétraient dans le salon de Florina, où les introduisait une petite femme de chambre à qui, en badinant, Didier venait de prendre la taille et de ravir un baiser.

Il y avait grande réunion dans le salon de Florina, et cette réunion, voici de qui elle se composait. De Florina d'abord, laquelle, ainsi que Didier l'a annoncé à Pierre, était vraiment une fort jolie femme; en ce moment toute seule au milieu du salon, elle répétait un pas de caractère qu'elle devait prochainement danser à son théâtre, dans un ballet nouveau; la personne qui, assise au piano, y exécutait la musique dudit pas, était Mlle Trinette, jeune fille de dix-neuf ans au plus, et qui, à une physionomie des plus piquantes, joignait un véritable talent de pianiste, lequel la faisait vivre; elle donnait des leçons. Depuis une année seulement, elle était orpheline et toute seule au monde ; elle n'avait pas encore d'amant. Pendant les derniers temps de la vie de ses parents, elle les soutenait par son travail ; ce qu'elle recevait de ses élèves leur suffisait à eux ainsi qu'à elle ; c'est qu'elle se contentait du petit logement de trois pièces au quatrième étage, meublé modestement, sans tableaux, tapis, ni tentures ; c'est que l'été, sa toilette la plus luxueuse se composait d'une simple robe de jaconas, et l'hiver, d'une douillette de gros de Naples ; à ses dîners, la soupe et un seul plat ; comme divertissement, quelquefois le spectacle; jamais soirées ni bals. Enfin, elle menait cette existence calme, simple et sobre qui est celle du tiers environ de la population des grandes villes ; mais depuis que Trinette avait perdu et son père et sa mère, elle avait ressenti le besoin d'élargir le cercle de ses relations. Elle avait fait la connaissance d'autres artistes, de Florina, par exemple, et la vue des toilettes ébouriffantes de celle-ci, de son splendide mobilier, de sa table, toujours si délicatement et si abondamment servie, avaient éveillé dans son âme la coquetterie, l'amour du luxe, la gourmandise, enfin toutes les passions féminines Avec les cent cinquante francs qu'elle gagnait par mois, elle reconnaissait l'impossibilité d'étancher toutes ces soifs nouvelles, et elle songeait sérieusement à faire marché de sa robe d'innocence. Le matin même de ce jour, elle avait seulement fait part à Florina de sa résolution, et cette dernière avait promis de lui chercher chaussure à son pied.

— Peu t'importe qui, n'est-ce pas? lui avait demandé Florina, pourvu qu'il soit riche et généreux...

— C'est-à-dire, répondit Trinette, que je préférerais qu'il fût jeune; mais, au pis aller...

—Il suffit; dès ce soir, je m'occuperai de toi; je dois répéter devant quelques amis le pas de ma nouvelle pièce; viens m'accompagner, et si comme d'habitude quelque nouvel adorateur m'est présenté, je t'en ferai le sacrifice et le livrerai à tes œillades.

Les autres personnes présentes, au moment de l'entrée de Didier et de Pierre, sont trois jeunes garçons ayant chacun sa jeune et jolie femme. Il n'y avait donc parmi eux rien à refrire pour Trinette, car ils ne sont encore que depuis peu ensemble, et les hommes ne songent nullement à être déjà infidèles.

—Ah! voilà Arthur, dit Florina, s'arrêtant au milieu d'une pirouette; et, au moyen d'une glissade, accourant vers Didier et lui sautant au cou :

— Bonjour, bichon, tu fais bien de venir, nous devons souper, tu en seras ; et elle ponctua sa phrase d'un baiser très-sonore.

Trinette ayant cessé ses trilles et ses arpèges, regardait Pierre qui lui plaisait ; elle remarqua avec satisfaction qu'aucune femme ne l'accompagnait. Après avoir rendu ses caresses à Florina, Didier prit Pierre par la main et le présenta à sa maîtresse :

— Mon ami Anatole, dit-il.

— Ah ! joli nom, dit Trinette tout haut.

Pierre fut flatté, et se mit à saluer cérémonieusement.

— Eh non, dit Florina, pas de révérences ; la main tout bêtement, à l'anglaise. Vous êtes ici chez une artiste où le sans-gêne et le sans-façon remplacent l'étiquette. Viens, Arthur, j'ai quelque chose à te dire. Vous, monsieur Anatole, je vous livre Trinette ; elle est jolie comme vous voyez, et aimable comme vous l'entendrez, si vous voulez lui faire le plaisir de causer avec elle.

Et sans plus de façons, Florina entraîna Didier, et tous deux allèrent s'asseoir sur un canapé où deux places étaient encore vacantes. Cette étrange manière de recevoir le monde que l'on voit pour la première fois ébouriffait

Pierre à tel point qu'il en était demeuré en attitude, c'est-à-dire les pieds en dehors, le dos courbé légèrement, les deux bras en cerceaux, le chapeau à la main, et sur les lèvres le sourire de l'homme qui salue; seulement, comme la danseuse, après lui avoir secoué familièrement la main qui ne tenait pas le chapeau, s'était éloignée de lui avec Didier, c'était en face de Mlle Trinette, encore assise au piano, qu'il se trouvait; et c'est à elle par conséquent qu'il offrait la continuation de sa salutation. Trinette se figurant qu'il gardait sa position dans le but de produire un effet comique, s'écria en éclatant de rire complaisamment :

— Très-drôle, monsieur, très-drôle ! vrai salut de danseur grotesque faisant son entrée dans le grand monde. C'est Renausy, n'est-ce pas, que vous voulez imiter ?

— Renausy ! mademoiselle, répondit Pierre, se redressant et retrouvant le libre arbitre de ses gestes, mais ne sachant pas au juste comment interpréter l'accès de gaieté de Trinette; Renausy, je ne connais pas.

— Vraiment ! oh ! c'est drôle, c'est un des camarades de théâtre de Florina, un danseur, célèbre aussi, mais pas beau ; vous êtes mieux que lui.

— Vous êtes trop indulgente, mademoiselle.

— Trop indulgente, oh! non, si vous le connaissiez, vous trouveriez que je viens d'être presque impertinente, au contraire; car il est si vilain, si vilain qu'en étant mieux que lui on peut être encore fort laid, et vous êtes bien, vous, monsieur.

— Ah! mademoiselle, vous vous moquez.

— Du tout, du tout. Mais posez donc votre chapeau, il vous gêne, et asseyez-vous, là, près de moi, tenez, et causons. Voulez-vous causer avec moi ? Ah! dame, vous n'avez pas le choix.

L'accès de niaiserie auquel Pierre était en ce moment en proie ne dura pas. N'ayant pas l'habitude de fréquenter un monde semblable à celui-ci, il avait été un instant suffoqué par cette atmosphère nouvelle ; mais il s'y acclimate ; sa stupéfaction se dissipe, la confusion de ses pensées cesse, et les paroles lui remontent aux lèvres et vont y remplacer le sourire béat, qui, depuis son entrée, y était stéréotypé. Il va d'un air délibéré poser son chapeau sur un meuble ; son maintien, sa démarche reprennent leur aisance ordinaire, et lorsqu'il revient vers Trinette, ce n'est en vérité plus le même homme. Trinette, le jugeant sur cette première apparence, se disait : voilà un imbécile.

— Eh bien! mademoiselle, je vous jure que je ne le suis pas tant que cela, disait Pierre gaiement, et en ayant l'air de répondre à une question que lui aurait faite son interlocutrice.

— Quoi donc? monsieur, répliqua Trinette, étonnée de cet étrange début de dialogue.

—Quoi donc demandez-vous? continua Pierre; mais d'après ce que vos yeux exprimaient tout à l'heure, ce que vous pensiez que j'étais, et d'après ce qu'ils expriment encore, ce que vous êtes persuadée que je suis...

— Je ne vous comprends pas, monsieur.

— Vous le feignez par politesse ; c'est très-bien, je vous remercie ; l'intention est bonne, je la répute pour le fait ; mais vos yeux, mademoiselle, qui, si vraiment vous ne me compreniez pas, s'arrondiraient d'étonnement, et qui au contraire s'allongent, se rapetissent, et malgré vous clignent malicieusement; allons, avouez-le, bah ! puisque je vous donne ma parole d'honneur que je ne le suis pas; n'est-ce pas, Arthur?

— Oui, fit celui-ci, sans savoir ce que lui demandait son ami.

— Vous l'entendez; or donc, convenez franchement que vous croyiez que je n'étais qu'un imbécile.

— Je ne le crois plus, monsieur.

— Vous l'avez cru, fort bien ; cet aveu me suffit, et je ne m'en formalise pas. Le fait est que tout à l'heure, de quoi pouvais-je bien avoir l'air ? d'un caniche qu'on jette à l'eau pour la première fois : ce plongeon subit dans un élément tout nouveau pour lui, le glace, le suffoque, l'annihile d'abord. Mais bientôt se révèle en lui un instinct qu'il ne se soupçonnait même pas ; du fond jusqu'où il est allé, il remonte à la surface, lève la tête hors de l'eau, reprend sa respiration, barbotte encore un peu, puis enfin se met à nager bravement, résolument comme s'il n'avait fait que ça toute sa vie.

— C'est donc à dire que notre aspect vous a de prime abord glacé, suffoqué, annihilé ?

— Oui, mademoiselle ; c'est la première fois que je me trouve en aussi excentrique et agréable société, aussi viens-je de barbotter tout à l'heure.

— Oh ! ça, oui.

— N'est-ce pas ? mais voilà que je me sens capable de nager maintenant. A l'éclat de vos yeux, je me réchauffe et... voulez-vous me permettre de vous faire la cour ?

— Je ne vous le défends point.

Pierre, que jusqu'à ce moment nous avons vu

si réservé, si conjugalement vertueux, qu'il ne lui était pas venu une seule fois la pensée qu'il lui serait possible de dire des choses tendres à d'autres femmes qu'à Véronique, le voilà qui se jette à la tête de la première venue. Pourquoi? Quel mobile le pousse? Où veut-il en venir? Transplanté tout à coup dans un genre de monde dont il n'avait jusqu'à présent nullement soupçonné l'existence, il a quatre heures à y dépenser... Sans s'occuper de ce qui les entoure, les autres se font la cour chacun à sa façon; Mlle Trinette seule n'a pas de vis-à-vis... que peut-il faire? Lui en servir... sinon, il serait ridicule. Il se trouve, que dans un des coins de son cerveau, il se découvre une faculté nouvelle, celle d'exprimer ce qu'il ne ressent point, celle de dire des galanteries banales et de les dire avec esprit et gentillesse ; ça le flatte, ça le séduit même ; il se laisse aller, il parle, il se monte, il déclame, il en arrive à la déclaration. On ne se fâche pas, il se rapproche, il prend la taille, on rit ; il ravit un baiser, on le lui rend. Diable! diable! Oh! non, ce n'est pas dangereux ; il n'a pas d'arrière-pensée ; il ne désire pas aller plus loin. Mais va-t-il lui être possible de s'arrêter sur la pente glissante où il vient de mettre le pied, où il vient de s'aventurer par esprit d'imitation, par crainte du ridicule, par fausse honte ; et puis la route est si charmante, éclairée par les deux beaux yeux de Mlle Trinette, fleurie par les roses et les lys de son teint, égayée par son doux sourire ! N'importe, c'est pour badiner seulement que Pierre a pris cette nouvelle attitude.

La petite femme de chambre, introductrice de Didier et de Pierre, vint annoncer à sa maîtresse que le souper était servi.

Un hourra général de satisfaction retentit à cette nouvelle ; tout le monde se leva spontanément, et chacune s'accrocha au bras de son chacun pour être conduite par lui dans la salle à manger. Trinette, à l'instar des autres, allait prendre sans façon le bras de Pierre, que depuis quelques instants elle appelait Anatole tout court, lorsque celui-ci, revenant à lui-même, esquiva l'enlacement de la jeune pianiste, et s'approchant de Didier, lui glissa ces mots à l'oreille :

— Nous allons partir, n'est-ce pas ? nous ne soupons pas, nous autres ?

— Comment ! nous ne soupons pas, et pourquoi donc cela ? répondit Didier à haute voix.

— Mais voilà dix heures qui sonnent, balbutia Pierre un peu déconcerté, et tu sais bien qu'on nous attend, que nos...

—Silence ! malheureux, répliqua Didier, cette fois tout bas et vivement. Veux-tu donc apprendre à ces dames que nous sommes en puissance d'épouses ?

— Oh ! monsieur, ce n'est pas bien, dit Florina intervenant ; vous voulez déjà nous quitter ; mais nous ne le souffrirons pas.

— Non, certes, ajouta Trinette en passant résolument son bras sous celui de Pierre ; méchant Anatole, moi qui croyais que monsieur prenait plaisir à ma conversation...

— N'en doutez pas, mademoiselle ; mais c'est qu'à onze heures on m'attend, et...

— On vous attend, qui ça ?

—Chut ! Florina, ne le questionne pas, ce n'aurait qu'à être une femme... et je sens que je suis déjà jalouse de ce monstre-là.

Cela flatte toujours un homme, quand une femme l'appelle monstre, et Pierre fut flatté ; aussi ne résista-t-il plus ; du reste, il se fit, à part lui, ce raisonnement-ci :

— A dix heures et demie ou onze heures moins le quart, je me lèverai de table sous un prétexte quelconque, et je trouverai bien moyen de m'esquiver.

Il se laissa donc entraîner à la suite des autres, dans la pièce où, resplendissante de lumière, se dressait la table, sur laquelle était servi le souper le plus délicat et le plus succulent.

On prit place. Trinette se mit auprès de Pierre, Florina auprès de Didier, et les autres restèrent accouplés ainsi qu'ils l'étaient au salon. La gaieté la plus folle prit immédiatement la présidence de ce festin; les saillies spirituelles, les propos égrillards, les provocations galantes se croisèrent, et Pierre, qui avait reconquis son aplomb, ne fut ni le moins spirituel, ni le moins galant, ni le moins égrillard. Tranquillisé par la parole qu'il s'était donnée à lui-même de partir avant onze heures, lors même que Didier resterait, il ne voyait pas d'inconvénient à se montrer jusqu'au bout aussi aimable que possible.

Quant à Trinette, à laquelle il plaisait beaucoup, et qui avait en elle-même résolu de faire de lui son premier amant, elle se promettait bien de faire tout au monde pour l'empêcher de partir; et d'abord elle avait, sans qu'on s'en aperçût, arrêté le mouvement des pendules du salon et de la salle à manger; ensuite elle prenait à tâche de lui verser souvent à boire, afin de l'étourdir; chose facile, car Pierre n'était pas un viveur : à peine dans son petit ménage si lui et sa femme buvaient une bouteille de vin ordinaire chaque jour ; aussi, après avoir bu seulement quelques verres de ces vins capiteux, tels que madère, bordeaux et champagne dont était surchargée la table, se trouva-t-il dans un état de surexcitation excessive ; il n'était pas encore complètement gris ; mais bien peu s'en fallait ; il oubliait sa femme et le rendez-vous qu'il lui avait donné. Pourtant, de temps à autre, mais machinalement et sans se rendre compte de ce qui le poussait à faire cette question, il demandait :

— Est-ce qu'il n'est pas onze heures ?

Trinette alors du doigt lui montrait la pendule, qui, on sait pourquoi, s'obstinait à n'en indiquer que dix, et se rassurant, il se remettait à rire, à parler bruyamment et à boire du sillery mousseux. On en vint au café et aux liqueurs, après lesquels Pierre se trouva être entièrement gris ; mais, chose étrange, la mémoire qu'il perdait dans sa demi-ivresse, lui revint au moment même où cette ivresse fut complète :

—Et Véronique ! Véronique ! dit-il.

Et il se leva brusquement, gagna, chancelant, le salon, y reprit son chapeau : puis, courant à la porte de sortie, l'ouvrit et se précipita dans

l'escalier, qu'il se mit à descendre quatre à quatre. Il aurait dû tomber vingt fois pour une et
se casser un bras ou une jambe ; mais il y a,
dit-on, un Dieu pour les ivrognes, et ce Dieu le
protégea, car il arriva sain et sauf devant la
loge du concierge, aux carreaux de laquelle il
se mit à tambouriner, en articulant avec peine
la phrase :

— Le cordon, s'il vous plaît.

En beaucoup moins de temps que nous n'en
avons mis à en faire le récit, Pierre avait opéré
cette fugue précipitée ; aussi personne n'avait
songé à y mettre le moindre obstacle ; mais, le
premier moment de surprise passé, Trinette
s'écria :

— Il s'en va comme ça ! ah ! mais, non.

Et ce fut son tour de se lever de table, de
prendre son chapeau, son châle, et de sortir
par la porte restée ouverte.

— Le cordon, s'il vous plaît ! le cordon, s'il
vous plaît ! continuait à crier Pierre, tambouri-
nant toujours sur les carreaux de la porte vitrée devant laquelle nous l'avons vu s'arrêter
tout à l'heure.

Mais personne ne lui répondait, et ce n'était
pas surprenant, car notre héros se trompait ;
ce n'était nullement à la porte du concierge

qu'il heurtait, mais bien à celle d'une autre chambre.

Un vieux monsieur en bonnet de coton, un bougeoir à la main, ouvrit la porte et demanda :

— Que voulez-vous? monsieur.

— Ce que je veux, c'est le cordon ! Je ne suis donc pas devant la loge du portier?

— Eh ! non, c'est par ici, cria Trinette, qui survenait tout essoufflée ; venez donc, monsieur Anatole.

— Qui ça, Anatole? ah ! oui, moi, j'oubliais... Me voici, ma biche adorée, me voici, répondit Pierre en courant vers Trinette et laissant là le vieux monsieur. Ah ! c'est bien gentil, ça, d'être venue me rejoindre; ça me fait bien plaisir, continua-t-il en trébuchant de plus en plus, car le grand air, en le frappant, avait empiré son état. J'aime beaucoup votre société, à vous, je l'aime énormément votre société.

— On ne s'en serait jamais douté à la manière dont tout à l'heure vous avez pris la poudre d'escampette, et sans dire adieu à personne.

— J'ai eu tort, c'est vrai.

— Remontez-vous?

— Oh ! non, je ne peux pas.

— Pourquoi cela ?

— Pourquoi? tiens, oui, au fait, pourquoi? je

ne me le rappelle plus ; mais ça ne fait rien, je ne peux pas, oh ! non... Le cordon, s'il vous plaît !

Ce fut d'une voix de stentor qu'il poussa de nouveau ce cri, entendu cette fois du concierge, qui, réveillé en sursaut, s'empressa de tirer ce qu'on lui demandait : la porte cochère s'ouvrit, et un instant après, Pierre et Trinette, bras dessus bras dessous, et celle-ci conduisant celui-là, descendaient le faubourg Poissonnière et s'acheminaient vers le boulevard.

Il devait être tard, car toutes les boutiques et tous les magasins étaient fermés sur leur passage ; la rue était entièrement déserte, ce dont Trinette se préoccupait fort ; elle se disait qu'en cas de mauvaise rencontre, Pierre, vu son état, ne serait peut-être pas un défenseur bien solide. Cependant celui-ci marchait d'un pas plus assuré ; ses jambes reprenaient peu à peu leur aplomb. Mais ce qu'il ne pouvait pas parvenir à rattraper, c'était sa raison fugitive, c'était sa mémoire qui, revenue un instant, s'était de nouveau envolée ; il ne se rendait nullement compte de sa situation présente ; il savait seulement qu'il avait au bras une femme, à l'égard de laquelle il se questionnait dans son for intérieur.

— Quelle est-elle ? se demandait-il : que vais-je faire, et où diable est-ce que je la mène?

Se lassant enfin de ne rien trouver à se répondre, il rompit le silence qui régnait entre lui et elle depuis le moment où ils étaient sortis, de la maison de Florina :

— Ah ! ça, voyons, si ce n'est pas être trop curieux, je voudrais bien savoir, mademoiselle, si je suis votre amant? fit Pierre, en s'arrêtant tout court, et forçant en même temps Trinette de s'arrêter aussi.

— Mais non, monsieur; non, pas encore.

— Pas encore, très-bien, ça me suffit; ça veut dire que tout à l'heure je le serai alors, n'est-ce pas ?

— Tout à l'heure! oh ! que non.

— Comment ça, oh ! que non ? Je ne vous plais donc pas; mais, alors, pourquoi ça que nous nous sommes en allés ensemble, car je ne me trompe pas, nous nous sommes en allés ensemble; c'est même vous, si je me le rappelle, qui êtes accourue vers moi.

— Uniquement par pitié pour l'état où vous êtes.

— Le fait est que je suis un peu étourdi, là franchement.

— Moi, qui suis de sang-froid, je comptais

que nous prendrions une voiture, laquelle, après m'avoir menée jusque chez moi, vous aurait reconduit à votre domicile.

—Tiens, prendre une voiture, c'est une idée; prenons une voiture, je veux bien. Mais où y a-t-il une voiture? Je n'en vois pas, moi, et vous, est-ce que vous en voyez?

Ils se trouvaient en ce moment à la hauteur de la rue de l'Échiquier, d'où débouchait tout justement un fiacre. Le cocher, endormi sur son siége, laissait flotter les rênes sur le cou de ses nobles coursiers, qui profitaient de cela pour aller aussi lentement que possible. Au lieu de continuer à marcher tout droit devant eux, ils eurent l'instinct de prendre à gauche; mais ils tournèrent trop court et grimpèrent sur le trottoir, au bord duquel les roues vinrent se heurter et firent éprouver au véhicule une secousse violente, qui faillit lancer le cocher de son siége sur le pavé; mais il se retint et en fut quitte pour un réveil tant soit peu brusque.

— Mille noms de noms! satanées rosses! s'écria d'une voix enrouée et furieuse l'automédon, qui ponctua cette double exclamation d'une dégelée de coups de fouet sur la croupe de son attelage, lequel s'empressa de se remettre dans le bon chemin et fit mine de prendre le galop. Mais Pierre et Trinette s'approchèrent :

— Êtes-vous loué, cocher? demandèrent-ils.

— Non, mes poulots; vous voulez monter?

- Oui.

—Attendez alors que je descende vous ouvrir.

Pour qu'un cocher de fiacre vous appelle mes poulots au lieu de mes bourgeois, il faut qu'il ne soit pas dans son état normal, et, sans le calomnier, l'on peut dire qu'il était loin d'y être, celui-là : à peine à terre, il trébucha et faillit tomber.

—Fait-il du vent! dit-il pour s'excuser. Ah! ça, mes petits chats, continua-t-il, en reprenant son équilibre, vous savez qu'il est plus de minuit, c'est cent sous, quand même vous n'iriez qu'à dix pas, et quand même aussi vous iriez à une lieue. C'est-y à une lieue ou c'est-y à dix pas?

— Ça m'est égal, fit Pierre.

— Eh bien! et à moi, donc? Ah! je vois ce que c'est; bon! il s'agit d'une promenade sentimentale, pas vrai? Comme il y a des stores à mon sapin, montez mes poulots ; faudra-t-il que j'aille vite ou tout doucement? Honneur aux dames, décidez vous-même, princesse.

— Tiens, mais, oui! tiens, mais, oui! s'écria alors Pierre, qui comprit l'allusion égrillarde du cocher, c'est une idée, ça; mademoiselle, donnez-vous donc la peine de monter.

Malgré son caractère aventureux, Trinette commença à se repentir sérieusement d'avoir suivi Pierre, mais pas moyen de lui échapper. Seule entre ces deux hommes, l'un gris et l'autre soûl, elle comprit qu'en leur résistant ou en essayant de fuir, elle ne ferait qu'empirer sa situation, et puis elle compta sur le peu de suite que Pierre avait dans les idées; elle espéra qu'à cette velléité séductrice en succèderait une d'un autre genre. Bref, elle monta dans la voiture, et s'asseyant auprès de Pierre qui s'était déjà installé, elle dit au cocher :

— Rue des Fossés-du-Temple, au coin de la rue de la Tour; dépêchez-vous, allez ventre à terre, je vous donnerai dix francs au lieu de cinq, si nous sommes arrivés dans dix minutes.

— Suffit, la belle! dix francs, on y sera.

L'appât de ce copieux pourboire l'empêcha de renouveler ces suppositions graveleuses, et Trinette espéra que Pierre pensait déjà à autre chose. — Avait-elle raison? Hélas! non, car à peine le cocher fut-il remonté sur son siége, et d'un vigoureux coup de fouet eut-il lancé à toute bride ses deux chevaux dans la direction de la demeure de Trinette, que le mari de Véronique enlaça de ses bras la jeune pianiste...

Il était une heure du matin.

FIN DU DEUXIÈME VOLUME.

CONDITIONS.

Les souscripteurs reçoivent, *franco*, tous les 15 jours, un charmant volume in-18, format anglais, beau caractère, beau papier, et contenant la matière d'un volume ordinaire.

Pour ceux qui souscrivent, chaque volume ne coûte que *soixante-quinze centimes* *.

On ne souscrit que pour une série de 12 vol.

On paie fr. 4-50 à la reception du 1er volume et fr. 4-50 à la réception du 7e volume.

Les ouvrages séparés se vendent *un franc* le volume.

Un volume abîmé ou égaré est remplacé au prix de fr. 4-25.

On souscrit dans toutes les maisons de librairie *de la Belgique et de l'étranger*.

Toutes les réclamations, avis, etc., doivent être adressés *franco* à l'éditeur.

* Pour l'étranger, le prix varie en raison des distances et des traités internationaux.

OUVRAGES PARUS :

UN MIRAGE, par E. Ziehen, suivi de **UNE VENGEANCE POSTHUME**, 1 vol.

FRANÇOIS Ier ET ODETTE DE FOLLEMBRAY (1518-1525), par A. Tavernier, 3 vol.

MÉMOIRES D'UN VIEUX MÉNAGE PARISIEN, par R. Herbaut, vol. 1 et 2.